A Mons... la Co...

Mlle LE NORMAND,

SA BIOGRAPHIE COMPLÈTE,

SEULE AUTORISÉE PAR LA FAMILLE,

Ses Prédictions, 1828 à...

Son commerce avec les premières Célébrités de
l'Europe et de la France, depuis 89
jusqu'à nos jours.

LA CHIROMANCIE

ET LA CARTOMANCIE,

Avec Introduction Historique et Philosophique

Sur les Sciences occultes, mises en regard des Sciences
naturelles de l'époque. — Portrait authentique et autographe de Mlle Lenormand, autographe de l'impératrice Joséphine, dessin de sa main gauche,
explication de ses lignes, et gravures sur
bois ;

PAR FRANCIS GIRAULT.

2e ÉDITION.

PRIX : 1 FR.

CHEZ BRETEAU ET PICQUERY, ÉDITEURS,

Passage de l'Opéra, galerie de l'Horloge, 16.

1843.

MLLE LE NORMAND.

MARIE-ANNE LE NORMAND,

à 40 ans.

MLLE LE NORMAND,

SA BIOGRAPHIE,

SES PRÉDICTIONS EXTRAORDINAIRES,

Son commerce avec les personnages les plus illustres
d'Europe, de la République,
du Directoire, de l'Empire et de la Restauration
jusqu'à nos jours ;

LA CHIROMANCIE et LA CARTOMANCIE
Expliquées par la Pythonisse du XIXe siècle :

PAR FRANCIS GIRAULT;

AVEC

Une Introduction philosophique sur les Sciences
occultes mises en regard des sciences naturelles.

————◆————

PARIS.

BRETEAU et PICHERY,

Libraires-Éditeurs, passage de l'Opéra, 16.

1843.

Imp. de Mme de Lacombe, r. d'Enghien, 12.

INTRODUCTION.

—

ᴇꜱ Hébreux avaient leurs prophètes et leurs talismans (1), qu'ils conservent encore aujourd'hui, ainsi que leurs cabales ; les Egyptiens avaient leurs mages ; les Grecs, leurs oracles, leurs grandes-prêtresses de Delphes, leurs antres de Trophonius et de Tirésias ; les Romains,

(1) Pièce de métal fondue, gravée sous certaines constellations, et ornée de caractères doués de vertus extraordinaires.

leurs augures, leurs sibylles et leur feu sacré ;
les Indes regorgent de devins ; les Russes crai-
gnent et révèrent le démon méridien. Long-temps
le monde a eu foi dans l'*astrologie judiciaire*,
cette haute science qui a fait de Nostradamus un
incontestable prophète, malgré la critique la plus
serrée et la plus pénétrante (1).

La *chiromancie*, ou la divination par l'étude
des lignes de la main, est une autre sorte de
science dont l'origine se perd dans l'antiquité
la plus reculée. Le patriarche Job, chap. 37,
vers. 7, en parle en ces termes : « *In manu om-*
» *nium hominum Deus signa posuit, ut no-*
» *verint singuli opera sua,* » c'est-à-dire : Dieu
a tracé dans la main de tous les hommes des si-

(1) Les feuilletons publiés par M. Françis Girault dans la *Gazette de France* de 1839, d'a-
près une édition authentique des *Centuries* du célèbre astrologue, ont invinciblement établi la réalisation de ses prédictions *les plus remarquables*,
particulièrement sur Louis XVI et la révolution
française.

(*Note des éditeurs.*)

gnes indicateurs de leur caractère, de leurs œuvres passées, présentes et futures. Vainement
Porphyre et quelques philosophes ont regardé
la *chiromancie* comme une chimère, en pré-
tendant qu'il était impossible d'asseoir un jugement certain sur de simples lignes qui naissent
pour disparaître dans les mains, et ne restent
jamais dans le même état; car ces lignes, qui se
creusent plus ou moins profondément, malgré
les variations qu'elles subissent, correspondent
d'une façon intime aux parties principales du
corps humain, au cerveau, au cœur, au foie, etc.
La *physiologie*, cette science encore au berceau, tend à le prouver surabondamment (1).

D'ailleurs, la *chiromancie* n'a-t-elle pas pour
elle dans le passé les plus illustres témoignages?
L'histoire ne nous apprend-elle pas qu'Aristote,
ce prince des philosophes et ce grand natura-

(1) Voir l'ouvrage du docteur anglais Bell, *Sur
la main* (1842) et la thèse du docteur E. Guitton,
soutenue à l'école de Médecine de Paris (1843), et
intitulée: *Des Rapports de l'intelligence avec
la main.*

liste, trouva un livre de cette science merveilleuse sur un autel dédié au dieu Hermès ; que ce livre, écrit en lettres d'or, fut envoyé par lui à son disciple Alexandre, et que Jean Hispanus le traduisit de l'arabe en latin ? Ne possédons-nous pas un long ouvrage d'Albert-le-Grand, entièrement consacré à la *chiromancie* ? Des philosophes hors de ligne, des savans de premier ordre, tels que Ptolémée, Avicenne, Averroès, Platon, Galien, Antiochus Tibertus, Indagine, Tricasse, Taisnier, Belot, Glocerius Frœlichius, Deperuchio, ne l'ont-ils pas sérieusement étudiée ? ne nous ont-ils pas laissé sur elle les documens les plus curieux et les plus imposans ?

Quant à la *cartomancie*, on a généralement attribué à Jacquemin Gringonneur l'introduction du jeu des *tarots* en France : on assure que Charles Poupart, argentier du roi Charles VI, donna à ce peintre d'images cinquante sous parisis pour trois jeux de cartes de diverses couleurs, qui servirent à amuser le roi pendant sa folie (1).

(1) L'abbé de Longuerue, l'homme de France qui

Il n'en est pas moins vrai que l'invention des cartes est d'une date antérieure, puisque Charles V, selon la chronique, accorda son amitié à Jehan de Saintré, parce que celui-ci s'abstenait de jouer aux cartes et aux dés.

Avant Gringonneur, on gravait les cartes sur des lames d'or et d'argent ; celles des devins étaient tracées sur des planchettes d'ivoire. Gringonneur les transcrivit sur des feuilles de papier ou de parchemin.

L'invention des *tarots* ou du livre de Thot, remonte, d'après Eteilla, aux Egyptiens primitifs. Ce livre, échappé à l'incendie de la bibliothèque d'Alexandrie, renfermait soixante-dix-huit lames de l'or le plus pur : il était rempli d'hyéroglyphes, c'est-à-dire de figures mystérieu-

peut-être a su le plus de choses, avait vu un jeu de cartes telles qu'elles étaient dans l'origine; elles avaient sept à huit pouces de longueur : on y voyait un page, des empereurs et les *quatre monarchies* qui combattaient les unes contre les autres, ce qui a donné naissance à nos quatre couleurs.

ses. Les Grecs en avaient connaissance ; les Arabes le répandirent de tous côtés.

A la fin du XIVe siècle, les cartes étaient devenues populaires en Europe ; l'amour du lucre en fit un objet de commerce. En supprimant quelques-uns de leurs signes, on finit par en altérer le sens.

En 1780, après de laborieuses recherches, Eteilla les rappela à leur première destination, et en dévoila les secrets à la manière égyptienne. De nos jours, M. Scluqbole a été un des vulgarisateurs de la science d'Eteilla, et ce que ce disciple de la philosophie hermétique a fait par le livre, Mlle Le Normand l'a fait d'une façon bien autrement surprenante par une pratique de près de trois quarts de siècle.

Que conclure de tout ce qui précède, sinon que notre époque, qui a l'exorbitante prétention de n'admettre que des vérités qu'elle palpe, que des démonstrations d'algèbre et des déductions de pure raison, pourrait bien manquer d'un sens d'ordre supérieur, du sens intuitif, de

celui qui plonge parfois dans le monde invisible,
qui rend *croyans* les meilleurs esprits en face
de certains phénomènes, devenus inexplicables
tant qu'on s'obstine à ne pas dépasser l'étroitesse
du raisonnement humain ?

N'est-ce pas, en effet, une chose digne de fixer
l'attention que de voir cette foi, taxée de faiblesse
par quelques rationalistes exclusifs, enracinée
au cœur des hommes les plus éclairés, les plus
éminens par le génie ? Ces hommes ne sont-ils
pas trop ennemis de toute puérile superstition
pour que leur croyance n'ait pas des fondemens
plus solides que l'imperfection de leurs organes ?

Peut-on soupçonner César, Brutus, Napoléon d'une crédulité qui adopte sans motif, qui
confirme sans preuves ? Bien plus, cette
croyance traditionnelle au merveilleux n'est-
elle pas l'argument le plus péremptoire qu'on
puisse alléguer en faveur d'un monde surnatu-
rel ? L'imagination, on a beau dire, ne se pro-
mène que dans les limites du possible, quand
elle n'appartient pas à des êtres dépourvus de
raison : la forme et les moyens peuvent être
faux, mais la vérité est toujours au fond. Qu'im-

porte qu'on s'égare plus ou moins dans les détours du chemin, si le but finit par être atteint? Imaginez, pour y parvenir, l'Élysée des Grecs et des Égyptiens, leur Tartare, ou le Valhalla des Scandinaves; annoncez une succession de vies où le même être se perfectionne et se complète; au fond, vous arriverez au christianisme, à l'immortalité de l'âme, à la récompense et à la peine, d'après les notions de la justice infinie: votre principe est incontestable; l'exécution est du ressort de Dieu seul. Or, l'existence d'un monde visible et d'un monde qui nous échappe une fois admise, ce double monde est forcément lié l'un à l'autre par des rapports connus ou inconnus, car l'œuvre divine ne saurait souffrir nulle part de solution de continuité. Quand un sceptique de la trempe de César, de Brutus ou de Napoléon se détermine à croire, en vertu de ce qu'il voit, en lui s'éveille un sens nouveau; de nouveaux moyens de juger lui apprennent que la vision ou l'apparition sont au-dessus de son regard charnel, de la réalité matérielle, et cette seconde vue l'élève jusqu'à la sphère du merveilleux, qui unit par un lien nécessaire le monde visible au monde invisible (1).

Les sciences naturelles dont le progrès rend ce siècle si fier, ont-elles pouvoir d'ébranler tant soit peu cette croyance au merveilleux, et de l'arguer logiquement de folie ? Non ; il n'est pas donné à leur compas rétréci d'embrasser l'immense essor de l'esprit. Les sciences natu-

(1)... Il est des hommes qui ne sont point faits pour s'élever à ces hautes contemplations : leur intelligence est trop faible pour comprendre les mystères qui les entourent, et ils se bornent aux objets purement physiques : dans l'excès de leur orgueil, ils se font une règle, non pas seulement de douter de ce qu'ils ne connaissent pas, mais de nier ce qu'ils ne peuvent concevoir. Ils ne voient pas que tout ce qui frappe leurs sens n'est que l'emblême des réalités sublimes et impérissables dont leur être moral est une émanation sensible... Qu'ainsi, par exemple, la lumière qui éclaire les mondes, n'est que l'image de la lumière éternelle qui les a créés.

(Mlle Le Normand, *Souvenirs prophétiques d'une Sibylle*, 1 vol. in-8, page 123. Paris, 1814.)

relles sont-elles bien réellement elles-mêmes des sciences exactes définitivement arrêtées?

La *physique* repose sur un acte de foi, puisqu'elle est contrainte de reconnaître qu'il existe une force externe, distincte des corps, et qui cependant leur communique le mouvement et la direction : la science des quantités peut calculer les proportions apparentes, et formuler les lois de cette force, mais elle ne saurait en expliquer la nature. Qui produit, comme l'a dit un penseur (1), entre les masses inertes ces unions intimes, ces brusques métamorphoses, ces aversions et ces préférences, ces amours et ces haines?

Plus dans la nature l'harmonie brille dans la variété, plus l'intelligence éclate, plus la cause se cache à nos yeux. La science n'est plus qu'une simple nomenclature de phénomènes. Le fait récent, enregistré par l'observateur le plus attentif, détruit sa classification dernière ; chaque découverte dément son système de la veille ;

(1) J. Prud'hon.

plus il pénètre dans le labyrinthe, plus les ténèbres s'épaisissent autour de lui. La science de la chimie n'est qu'une ombre de science.

Qui connaît les sources de la vie et le principe de la sensibilité ? Qu'est-ce que l'instinct ? Comment la plante et l'animal s'assimilent-ils leur nourriture ? Qu'est-ce que la matière brute peut nous apprendre de la matière qui vit et respire ?

La vie n'est point explicable par des poids et des résistances, par des attractions moléculaires et par des atomes combinés. Pour comprendre ces grands phénomènes, besoin est de créer d'autres mathématiques, une autre physique, une autre chimie : ayez recours à la *physiologie*, si vous le voulez, mais, aveugles que vous êtes, ne la séparez pas, comme vous le faites, de la *psycologie*, en ramenant à une mécanique grossière tous les actes de la vie organique !

Et encore ici, comment la *physiologie*, ainsi secondée, développera-t-elle la théorie de l'intelligence ? Y a-t-il parité entre le développe-

2

ment des idées et celui des organes? Le cerveau secrète-t-il le jugement comme le foie secrète la bile ? Comment le système nerveux produit-il plutôt les artistes que les philosophes ou les géomètres? Vous soutenez qu'un organisme déterminé est nécessaire à la pensée; la crée-t-il? Une matière aussi est nécessaire à la production de la force , mais cette matière n'est pas la force , à l'entretien de la vie , et ce n'est pas la vie. Savans impuissans, physiologues frappés de myopie intellectuelle, jamais vous n'arriverez à la genèse de l'âme ; donc , vous n'avez pas le droit de nier les effets incompréhensibles de ses facultés inconnues !!...

Avez-vous quelquefois essayé de sonder les mystères du pressentiment , infaillible dans certaines organisations privilégiées , et ceux du somnambulisme? Avez-vous deviné le premier mot de l'énigme du magnétisme qui déroute votre petit savoir, et qui tend à bouleverser vos systèmes scientifiques , en agrandissant le domaine du monde moral?

Concluez donc, bon gré mal gré, que dans la

région des esprits comme dans celle des corps, vous marchez en tâtonnant et sans boussole, et qu'en bas comme en haut, partout et toujours, l'inexplicable et le merveilleux vous environnent et humilient votre superbe.

L'homme complet a deux yeux, celui de la chair et celui de l'esprit. Il raisonne et il sent : l'homme incomplet et tronqué n'a que le premier : placé sur l'horizon des apparences, il se nourrit des mensonges d'un raisonnement sans appui, parce qu'il ne lui est pas donné de monter à l'horizon des réalités.

Après tout, on se tromperait étrangement, si l'on pensait que ce préambule, écrit à propos de Mlle Le Normand, dont nous allons raconter la vie anecdotique, a pour but d'exploiter les esprits faibles, et d'alimenter un foyer permanent de superstition dans les classes populaires. Les véritables *voyans* sont pour nous aussi peu nombreux que les charlatans abondent, et encore l'incroyable et le merveilleux qui découlent de leurs lèvres, sont moins souvent le résultat de l'inspiration proprement dite, de la divination, que l'effet naturel d'une intelligence sagace, d'un don de perspicacité rare, développés par une étude persévérante.

En attribuant à la Sibylle du XIXe siècle, à Mlle Le Normand, la sublime prérogative de la prophétie, et des faits multiples, authentiques et incontestés le démontrent jusqu'à l'évidence, notre intention n'est point de rétablir pour elle le trépied mythologique de Delphes, d'Erythrée, d'Ancyre ou de Cumes; si elle doit sa réputation européenne à des prédictions extraordinaires et réalisées, à la science des cartes et aux opérations cabalistiques, combien de fois aussi sa remarquable acuité d'esprit, son expérience approfondie du cœur de l'homme et particulièrement des femmes, dont la mobile physionomie révèle l'âme comme à travers un miroir, combien de fois surtout son commerce habituel avec les illustrations de la république, de l'empire et de la restauration, dont elle surprenait les secrets, ne l'ont-ils pas mise sur la voie d'un avenir rationnellement interprété, et qui n'en restait pas moins fermé aux regards de ses contemporains les plus habiles et les plus clairvoyans?

Entrons donc dans le sanctuaire de cette vie excentrique, qui tranche avec tant d'originalité sur le monotone niveau des existences communes.

Naguère la Sibylle vénérée des déserts de l'Orient, lady Stanhope, qui a prédit à M. de Lamartine les hautes destinées qui l'attendent, emportait avec elle dans la tombe les arcanes du grand art, l'amour et l'admiration des Arabes; la Sibylle de l'Occident, Mlle Le Normand, en allant rejoindre sa sœur magique des solitudes, a vivement ému Paris, cette capitale d'une froide civilisation, car Paris avait été obligé d'ajouter foi à ses oracles.

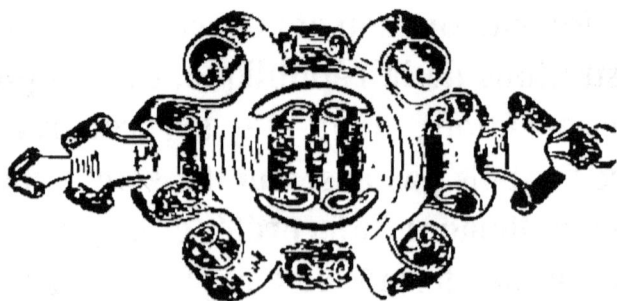

BIOGRAPHIE.

—

ARIE-ANNE Le Normand est née à Alençon (Orne), en 1772. Sa mère, Mlle Guilbert était une femme d'une beauté accomplie, qui faillit lui coûter cher, car un jour, Louis XV, de galante mémoire, convoita, au grand couvert de Versailles, les charmes de la jeune Alençonnaise que M. Le Normand, son mari, avait accompagnée à Paris, en voyage d'agrément. L'honnête provincial apprit de quelques courtisans les caprices passionnés du roi, et rompant en visière aux mœurs complaisantes des gentilshommes de la cour, il rougit comme une cerise, trembla de peur en face d'une brillante fortune, et reprit au plus vite avec sa femme la route de la Normandie.

M. Le Normand eut trois enfans, deux filles dont la Pythonisse était l'aînée, et un fils qui prit du service.

M. Le Normand étant mort jeune, sa veuve se remaria et le suivit de près au tombeau, de sorte que le second mari ayant convolé en secondes noces, Mlle Le Normand se trouva sous la tutelle assez dure d'un beau-père et d'une belle-mère.

Cette jeune fille, grasse et d'une figure assez vulgaire, n'avait rien en elle qui annonçât ce qu'elle serait un jour. Cependant elle avait des yeux vifs qui dardaient parfois des éclairs, un esprit entreprenant et espiègle, beaucoup de gaîté dans le caractère, et une soif de curiosité ultra-féminine. Son bonheur était de jouer des tours à tout le monde. Son beau-père songea à se débarrasser

de ce petit démon qui lui attirait mille et une
tribulations quotidiennes, et il confia Marie-
Anne aux dames bénédictines de l'abbaye royale
d'Alençon. L'enfant, quoique légère et pétulante
à l'excès, se faisait sérieuse quand il s'agissait
des principes de l'instruction. Elle comprenait
avec une facilité rare, et retenait tout ce qu'on
lui avait enseigné. Bientôt elle connut les rudi-
mens du dessin, de la peinture et de la musique ; mais elle se sentait portée par un invincible attrait vers la science des nombres. Chose
surprenante, la nature, par une anomalie dans
laquelle elle se complaît, l'avait créée mathéma-
ticienne, réfléchie au fond comme un philosophe
allemand, avec une surface enjouée et folâtre,
et une imagination riante qui débordait en sail-
lies et en malignités de toutes sortes; mais en
elle les bonds du moment et les saccades de la
vie extérieure ne nuisaient en rien à la concen-
tration, au rêve continu.

A sept ans, elle prédisait l'avenir à ses jeunes
compagnes, et comme il lui arrivait quelquefois
de réussir, elle subissait, de la part des bénédictines dévotes, des pénitences au pain et à

l'eau, comme sorcière en herbe, inspirée par le diable.

Une de ses prédictions fit évènement à l'abbaye. L'inconduite de l'abbesse des bénédictines avait motivé sa destitution. Qui la remplacerait ? L'inquiétude était grande ; les partis étaient turbulens, et l'intrigue au comble. On consulta Marie-Anne. La sibylle joufflue répondit avec un aplomb imperturbable que le roi déjouerait toutes les prévisions, en nommant à ce poste d'honneur une certaine dame de Livardie. On se prit à sourire : Marie-Anne tint bon, et dix-huit mois après, la prophétie avait reçu son accomplissement. Ceci est de l'histoire vraie, et les vieillards d'Alençon s'en souviennent.

M{\fontsize}lle Le Normand quitta l'abbaye des bénédictines pour celle des dames de Sainte-Marie. Elle passa ainsi quelques années à compléter son éducation de couvent en couvent. Jamais jeune fille n'avait montré une telle avidité d'apprendre, et cette avidité croissait avec l'âge.

Mais par malheur sa belle-mère refusa de subvenir aux frais d'une instruction plus étendue.

La pauvre enfant entra en apprentissage chez une obscure couturière. Que de larmes amères il lui fallut dévorer ! l'art de la couture lui devint un supplice ; elle y était si gauche et si mal habile ! A elle dont les idées aventureuses ouvraient déjà de si larges perspectives, à elle qui rêvait instinctivement si haut et si loin, car le cachet de l'esprit de Mlle Le Normand, dès le début de sa vie jusqu'à sa mort, a été une foi profonde dans ses propres ressources, à elle le maniement vulgaire de l'aiguille et la couture de quelques mètres de toile ou de calicot !

Plusieurs mois de cette existence l'eussent fait mourir de désespoir et de honte !

Elle avait alors quatorze ans sonnés. Elle dit adieu à sa patronne étonnée, et vint résolument à Paris, la tête pleine de songes dorés, trouver son beau-père. Elle y vint, comme elle l'a ingénuement avoué depuis, avec le plus mince bagage, une seule robe blanche et un écu de six livres. Elle était coiffée d'un pouf attaché avec des fils d'archal. Elle devait ressembler à s'y méprendre à une descendante de la race perdue des Bohémiennes ! Que lui importait ? Elle respirait à pleins poumons des flots d'air libre, et elle avait en elle un pressentiment d'avenir qui triplait son courage et sa puissance.

Elle fut placée par son beau-père, en qualité de dame de comptoir, dans une maison de commerce. C'était à peu près tomber de Charybde en Scylla, mais elle se savait à Paris. La *grosse Normande*, comme on l'appelait, achalanda la maison par sa gaité et ses bons mots ; elle alla jusqu'à accaparer un commis, excellent garçon, qui lui donna gratuitement des leçons d'arithmétique, et qui poussa sa science avec elle jusqu'aux dernières limites. Quand elle eut vidé le cerveau de ce maître d'une nouvelle façon, elle trouva que le sien n'était point encore assez rempli à l'endroit des nombres et des calculs, et, pour elle, ces calculs et ces nombres mystérieux avaient une application au-delà de la portée de son Mentor.

Alors, les doctrines du célèbre Gall étaient dans toute leur vigueur, et soulevaient un grand intérêt de curiosité. Elle se procura ses livres, elle les feuilleta jour et nuit ; bientôt elle les su: par cœur. Mais la lettre morte ne lui suffisait pas : il fallait à tout prix entendre les explications de la bouche même du maître. Elle conçut le projet d'aller à Londres, où le docteur résidait : l'argent manquait ; Mlle Le Normand eut recours au probabilisme des chiffres, que déjà elle connaissait si bien : conduite à une conclusion approximative, elle mit à la loterie et gagna 1,200 fr. avec le numéro qu'elle avait choisi.

Elle courut à Londres. Gall l'accueille avec toutes sortes d'égards ; il l'interroge et examine les diverses bosses de son crâne : surpris du langage franc et naïf de cette jeune fille, émerveillé de ses dispositions aux sciences occultes, de la netteté et de la confiance de ses réponses, et, par dessus tout, de la singulière conformation de sa tête, il la stimule à poursuivre la route commencée ; il lui offre généreusement des leçons de phrénologie, de chiromancie et de nécromancie, qu'elle accepte ; il s'attache à elle, et lui prédit avec enthousiasme qu'elle deviendra la première sorcière d'Europe. Il se sert du prestige de son nom pour la recommander et la répandre. Avec un tel maître, Mlle Le Normand grandit de cent coudées : ce n'est plus cette petite fille aventureuse, cette bohême qui porte en elle un avenir incertain : l'or pleut dans sa demeure ; les consultations fourmillent ; la pythonisse grave, austère, parle avec autorité : la bourgeoisie, la noblesse, recueillent chacune de ses paroles comme un arrêt formidable du destin ; et le plus souvent ses paroles qui retentissent au loin, obtiennent une réalisation prompte et effrayante : sa fortune et son avenir sont fixés.

Ainsi, le docteur Gall a scientifiquement engendré Mlle Le Normand.

Au milieu de ses succès enivrans, elle songeait à la France, à sa famille. Elle abandonne l'Angleterre, où son départ précipité cause des regrets universels (1). Elle avait dix-huit ans

(1) En 1789, Mlle Le Normand fut consultée à Londres par une jeune personne d'Alençon. La devineresse lui répondit qu'elle ne tarderait pas à passer sur le continent, où l'attendait un riche ma-

quand, en 1790, elle accepta, à Paris, la fonc-
tion de lectrice d'un vieillard, royaliste ardent,
M. d'Amerval de la Saussotte, qui lui inculqua
un amour des Bourbons qu'elle a conservé jusqu'à la fin.

Sa renommée de Londres la suivit à Paris, et
elle en profita pour venir en aide à sa sœur et à
son frère, dont elle fut constamment la protectrice. Ceci fait l'éloge de son cœur : Mlle Le-
Normand, quoi qu'on en ait dit, n'en a jamais
manqué. Nous le croyons d'autant plus qu'à un
point de vue élevé de la *physiologie*, le cerveau
seul, sans l'essor du sentiment, n'a jamais pro-

riage. La première partie de sa prédiction était probable, mais la seconde provoqua l'incrédulité mo-
queuse de la consultante. Piquée au vif, Mlle Le
Normand devint plus explicite : non seulement elle
annonça le mariage prochain de sa compatriote,
mais elle ajouta qu'elle verrait pour la première fois
son futur assis à une table de jeu, et elle désigna la
couleur de son habit, de son gilet et de son panta-
lon. La prédiction eut un plein effet, et nous tenons
ceci du neveu même de la dame qui en fut l'objet.

duit que des êtres médiocres. Nous l'avons dit,
l'homme complet est double.

Mlle Le Normand passa de la maison de M. de la
Saussotte , rue Honoré-Chevalier , à la rue de
Tournon, 153, aujourd'hui n. 5, modeste habi-
tation où elle est restée jusqu'à sa mort, où elle
avait établi un bureau de divination et une espèce de librairie pour laquelle elle obtint un
brevet légal, quoiqu'elle n'ait jamais débité que
ses œuvres, qui forment, du reste, un assez grand
nombre de volumes distincts , renfermant
avec trop d'emphase et de diffusion, la curieuse
histoire de son art, de ses persécutions, et de
son contact avec les célébrités du temps. Ses
ouvrages, quelque imparfaits qu'ils soient dans
la forme et dans le détail mal digéré des évènemens, présentent à l'historien véridique et sérieux des matériaux importans et indispensa-
bles.

Nos jeunes historiens de la révolution de 89
sont faux pour la plupart, parce qu'ils se laissent
entraîner par la manie des systèmes : leurs idées
et leur style ont la fièvre; les vieillards intelli-

gens qui survivent, affirment qu'une bonne histoire de la révolution est encore à faire, parce que, sans connaître les mœurs de l'homme privé, on a bâti de vaines théories à propos des actes de l'homme public. Or, les œuvres de Mlle Le Normand nous montrent quelques-uns de nos fameux révolutionnaires en déshabillé, et, pour ainsi parler, dans toute leur nudité morale.

C'est là et dans quelques volumes épars que n'ont pas exaltés les réclames mercantiles de la presse, qu'est crayonnée l'histoire réelle de la révolution.

Installée dans sa nouvelle demeure, Mlle Le Normand se livra tout entière au grand art de la divination. Le moment, il faut l'avouer, était propice ; les bourreaux gouvernaient la France et régnaient par le droit brutal du couperet de Guillotin ; les têtes pâles et sans lendemain assuré vacillaient sur toutes les épaules ; la vie tenait à une rencontre fatale, à un déguisement maladroit, à une expansion imprudente, à un mot, à un geste. Les haines particulières, si long-temps amoncelées et comprimées, éclataient comme un orage et se voilaient sous l'hypocrite manteau du patriotisme. Le souffle de la

3

mort s'aspirait dans l'air, et les victimes tombaient confusément par hécatombes.

Il y avait quatre ans , en 1793 , que Mlle Le Normand avait prédit le renversement du trône (1), des changemens dans la constitution du

(1) Mlle Le Normand n'est pas la seule qui ait prédit la mort violente de Louis XVI. Outre la prédiction authentique de Cazotte, rapportée par M. de la Harpe dans ses œuvres posthumes, nous en avons une autre de Lavater, trop peu connue pour ne pas la consigner ici.

— En 1778 , M. de B**, maréchal-de-camp, fut chargé par M. de Maurepas, ministre, d'écrire la vie de Louis XVI. Quand il avait terminé un chapitre, il le portait au ministre qui, après en avoir pris lecture, le remettait au roi. Ce bon et vertueux prince rayait tout ce que sa modestie trouvait de trop flatteur. Le roi vint à l'Opéra. M. de B** était dans une loge en face, avec le célèbre Lavater. Dans une conversation très animée, ce savant dit à M. de B** : Le roi est le plus honnête homme de son royaume ; mais il ne mourra pas d'une mort ordinaire à un roi de France. Ce propos frappa tellement M. de

clergé et la fermeture des couvens. D'aussi étranges prophéties vaguement annoncées par d'autres, mais si nettement formulées et précisées par elle, lui acquirent une vogue immense. Matin et soir, une foule avide, convulsive, encombrait sa porte. La noblesse surtout, impitoyablement décimée par une révolution qu'elle

B** que, rentré chez lui, il en fit une note qu'il inséra par inadvertance dans le cahier de la vie du roi, qu'il devait porter au ministre. Celui-ci, parcourant le cahier à la hâte, n'y fit pas attention, et le remit au roi.

Louis XVI lut la note à plusieurs reprises, la replaça dans le cahier, sans en parler au ministre ni à l'auteur; mais au 10 août, M. de B** ayant été député par les princes auprès du roi, cet infortuné monarque regarda fixement M. de B** et lui dit avec calme et bonté : « Il avait raison; l'oracle s'accomplira; j'y suis résigné. » Sur les instances de M. de B**, qui demandait une explication, le roi lui rappela la note de Lavater, trouvée par lui dans un des cahiers de sa vie. Quel coup pour M. de B** ! Le roi s'empressa de le consoler de sa méprise involontaire.

avait préparée , sans la pressentir ni pouvoir
l'éviter, la noblesse mise par les terroristes au
ban de l'humanité, affluait chez la Pythonisse et
achetait, au poids de l'or, quelques espérances
de sérénité dans un ciel noir et grondant de
toutes parts. Vainqueurs et vaincus, oppresseurs
et opprimés, toutes les classes de la société, in-
quiètes et haletantes sur un sol jonché de ca-
davres, où le sang humain fumait sans trève,
accouraient consulter Mlle Le Normand , et ce
qui doit faire bénir le nom de cette femme, ce
n'est pas d'avoir pronostiqué toujours, et surtout
dans les circonstances les plus difficiles, les dé-
cisions de l'avenir; ici elle n'obéissait qu'aux
règles de sa science mystérieuse; ce qui doit
faire bénir son nom , c'est d'avoir prodigué,
outre mesure, les avis de sa haute raison et les
consolations de toutes sortes! c'est d'avoir été
pour le malheur sans ressources comme une in-
carnation vivante de la Providence qui semblait
avoir abandonné le monde à la merci du despotisme de la rue et du crime impuni.

Tout en prophétisant par l'étude des lignes de
la main, en examinant des blancs d'œufs, en ana-
lysant du marc de café, en invoquant les secrets

de l'alectromancie (1), ou de la captromancie (2), de la nécromancie ou de l'alchimie, son œil investigateur s'ingéniait à découvrir les plaies intimes de l'âme, et à les cicatriser par de douces et insinuantes paroles. Que de nobles et grands cœurs atteints de blessures saignantes, en arrivant dans son cabinet de consultation, s'en retournaient, sinon guéris, du moins calmés, et reprenaient la vie du côté de ses bonheurs à attendre ! A combien d'épouses délaissées, de mères éplorées, de jeunes filles séduites, n'a-t-elle pas rendu l'espoir, la joie,

(1) L'*alectromancie* consiste à tracer un grand cercle que circonscrivent les lettres de l'alphabet. Un grain de froment recouvre chaque lettre. On place un coq au milieu, et on interprète les lettres sur lesquelles sont déposés les grains, à mesure que le coq les becquète et les mange. Il ne faut croire à cet oracle qu'avec une extrême prudence. On doit choisir son augure au premier jour de lune, le renfermer seul et le nourrir d'une certaine graine préparée à dessein.

(*Souvenirs prophétiques.* — Passim.)

(2) Interprétation d'une goutte d'eau jetée sur une glace de Venise.

l'amour, ces trois divines choses qui font vivre !
Au commencement de la révolution, tous les
rangs égalisés se coudoyaient chez elle nuitam-
ment et sous des déguisemens divers qui rarement mettaient en défaut sa perspicacité. La
belle et courageuse princesse de Lamballe, égor-

géc en raison de son sublime dévouement pour la
reine, visitait de temps à autre Mlle Le Normand,
qui ne put, à force de sollicitations, l'arracher à
son affreux destin (1). Le Démosthène de la tribu-

(1) Voici le songe qu'eut la princesse de Lamballe, quelques jours avant sa mort :

ne révolutionnaire, Mirabeau, lui avait écrit du donjon de Vincennes pour apprendre le terme de sa captivité.

En pleine Terreur, la Pythonisse de la rue de Tournon ne se contenta pas de deviner l'avenir, elle chercha intrépidement à le conjurer par une de ces démarches hardies où elle jouait sa tête. Nous l'avons dit, elle était royaliste fervente. Or, dans un des conciliabules désignés par Marat dans son *Ami du Peuple*, et qui se tenaient chez M. d'Amerval de la Saussotte, elle entreprit de sauver Marie-An-

« Un homme d'une figure hideuse et menaçante, armé d'une faux et d'un poignard se baignait dans son sang; le masque qui lui couvrait le visage lui semblait mobile, mais elle n'avait pu découvrir aucun de ses traits. Son corps velu et tatoué ressemblait à celui d'un sauvage; il lui cria d'une voix forte : « Prépare-toi à mourir! »

De là, la terreur de la princesse, lorsque des guichetiers vinrent lui intimer l'ordre de son transfèrement dans une maison de santé.

(*Souvenirs prophétiques.* — Passim.)

toinette, enfermée dans la prison du Temple. Mme Richard, la femme du concierge, et Michonis, administrateur des prisons, étaient de connivence avec elle, et la laissèrent pénétrer dans l'enceinte sous les habits d'une commissionnaire qui tenait à la main un panier de fruits; mais, hélas! cette héroïque tentative resta sans effet : Marie-Antoinette, éperdue, frappée de stupeur, n'eut pas le courage d'oser, et l'échafaud réclama sa proie.

Deux gardes françaises, jeunes gens à la fleur de l'âge, pleins de cette noble ardeur qui jalonne la route douteuse de l'avenir, et en élargit les issues, vinrent aussi, moitié par curiosité capricieuse, moitié par contagion de la mode, interroger la Sibylle. C'étaient deux combattans de la Bastille qui avaient vaincu avec le peuple.

Quand elle eut bien regardé le premier, imposant et grandiose comme un héros d'Homère, avec son air de fierté native, tempéré par je ne sais quelle aménité répandue sur tous ses traits, quand elle eut attentivement étudié les lignes de sa main blanche, d'une finesse et d'une beauté remarquables : « Monsieur, lui dit-elle, comme

Achille que vous rappelez, vous aurez une carrière courte, mais semée de gloire ; vous serez
général, mais vous mourrez empoisonné. »

Le jeune soldat lui sourit tristement et pâlit.

C'était Lazare Hoche, le pacificateur de la Vendée.

« Quant à vous, Monsieur, dit-elle à son compagnon interdit, les lignes de votre main m'annoncent que vous deviendrez duc et maréchal de France. »

C'était Lefebvre.

Les deux jeunes gens se reprochèrent vite leur crédulité, et quittèrent la Sibylle en fredonnant.

On sait ce qui advint.

La veille de sa fuite, Louis XVIII, alors le comte de Provence, surnommé à juste titre *le philosophe du Luxembourg*, en raison de son esprit sceptique et de ses mœurs quelque peu païennes, l'*honora* d'une consultation, en *sa qualité de voisin*, ce sont ses propres expressions, et dérogea ainsi pour elle à ses habitudes de mécréant. Ce que lui apprit Mlle Le Normand, qui lui était toute dévouée, la chronique ne le dit pas; toujours est-il que le comte de Provence tint l'avertissement pour salutaire, et s'é-

loigna de la France au triple galop de ses chevaux.

Après la noblesse, la cour et les incroyables,

vint le tour des montagnards. Ces farouches
Brutus d'une Rome en délire, ces poitrines

d'airain, garnies en public d'une impénétrable
cuirasse contre la peur, n'en avaient pas moins
leurs momens de sourde angoisse et de pusil-
lanimité à huis clos. Ces Gracques modernes
voulurent aussi tacitement avoir leur Sibylle,
et par une nuit bien noire qui les cachait à
tous, trois d'entre eux s'acheminèrent rue de
Tournon.

C'était au mois de floréal an II (mai 1793).

Ils étaient affublés d'un costume qui les rendait méconnaissables. Le premier avait une de
ces têtes accentuées qui annoncent la résolution
et l'audace. Son angle facial largement déve-
loppé, révélait l'intelligence, et les rides de son
front, de longues veilles philosophiques usant
sa pensée; mais ses lèvres, minces comme celles
de Voltaire, étaient le siége de l'envie et de la
haine tenaces (1).

Le second avait dans les allures et dans la
physionomie quelque chose à la fois de dur et

(1) Robespierre, qui connaissait la faiblesse du
vulgaire, voulut mettre à profit les divagations d'une
espèce de magicienne théologique, Catherine Théot,

de banal, de repoussant et de féroce ; tigre par
instinct, il s'était fait bourreau par enthousiasme.

Le troisième, le plus jeune de tous, ressemblait à un adolescent à peau blanche et velou-
tée ; la douceur pénétrante de ses yeux dénotait
les mille hallucinations de la rêverie et du mys-
ticisme ; on eût dit un poète né pour les soupirs
de l'élégie et les tendresses langoureuses du sentiment ; mais à l'observer de près, on apercevait
sous cette pâleur blanchâtre comme une couche de bile verte qui exprimait une volonté

sèche, longue, presque diaphane comme la Sibylle
de Cumes, et qui annonçait, non seulement l'immortalité de l'âme, mais celle du corps. Robespierre
songeait sérieusement à abolir le culte chrétien, dont
il avait stimulé la destruction en sous-œuvre, tout
en paraissant l'improuver, et il imagina de soutenir,
de conserver, comme pierre d'attente, les extrava-
gances de Catherine Théot, en même temps qu'il
méditait sa religion nouvelle à l'Être suprême, afin
d'acquérir une immense popularité, et une prépondérance souveraine.

(Causes secrètes.)

inflexible, un tempérament gros de colères in-
térieures et de passions énergiques (1).

(1) On lit dans le *Code social* de Saint-Just, ce
véritable illuminé de la politique, des maximes étranges, comme celles-ci :

« Celui qui ne croit pas à l'amitié, ou qui n'a pas
» d'amis est banni.

» Un homme convaincu d'ingratitude est banni.

» Les meurtriers seront vêtus de noir toute leur
» vie, et mis à mort s'ils quittent cet habit.

» Si un homme commet un crime, ses amis seront
» bannis. »

Croirait-on que de pareilles idées, dignes, sauf
leur exagération, d'Epictète ou de Marc-Aurèle, soient
sorties de la plume d'un de nos plus fougueux révolutionnaires?

Saint-Just n'est-il pas, sous ce rapport, mais dans
une sphère plus haute, le pendant d'Anacharsis
Clootz et du bossu théophilantrope La Réveillère-
Lepaux ? De pareils types que l'histoire nous
offre assez souvent dans les jours de crises sociales,
sont curieux à étudier, et jusqu'ici ne l'ont point
été assez.

Ces trois hommes étaient Maximilien de Robespierre, Marat et Saint-Just.

— Ne crains pas de parler, dit le plus jeune des trois à la citoyenne Le Normand; nous savons vivre, et, au besoin, nous saurions mourir!

Une contrainte visible se manifesta sur les lèvres de la prophétesse, quand elle eut manié ses cartes.

— Que signifie cette hésitation ridicule, s'écria Saint-Just? Aurais-tu la prétention, par hasard, d'effrayer des hommes tels que nous? et, en finissant cette apostrophe, l'anxiété se peignait, malgré lui, sur sa figure.

Des éclats de rire couvrirent ses paroles. Pressée de répondre et poussée dans ses derniers retranchemens, M¹¹ᵉ Le Normand mania de nouveau ses cartes, et demeura comme pétrifiée d'horreur.

—Puisque vous voulez le savoir, leur dit-elle, vous mourrez tous les trois dans l'année, et de mort violente; puis se tournant vers Marat : « Pour vous, Monsieur, vous précéderez vos deux collègues; mais le peuple vous décernera des honneurs divins, comme jadis le sénat romain en accordait aux empereurs ; tandis que ces Messieurs seront, à leurs instans suprêmes, insultés et maudits par la populace.

—Citoyenne, ton oracle ment et calomnie le peuple, reprit Marat avec un terrible accent de courroux : Sais-tu qu'il est en notre pouvoir de te traduire, pour ce délit, devant les tribunaux ?

—Bah ! répartit Robespierre, il faut bien permettre aux prophètes les licences qu'Horace donne aux poètes. N'est-ce pas la même race de visionnaires ?

Là-dessus, les trois visiteurs prirent congé de la Sibylle, en continuant de rire avec affectation.

L'assassinat de Marat par Charlotte Corday, un peu moins de deux mois après cette prédiction, et les circonstances dont il fut entouré, donna à réfléchir à Saint-Just et à Robespierre. Celui-ci ne put s'empêcher de retourner chez la Pythonisse, qui a esquissé ainsi son portrait assez peu flatté (1) « J'ai vu de bien près ce farou-

(1) *Souvenirs prophétiques*, page 471.

che Maximilien, et j'ai pu le juger. Il n'avait que l'audace du crime, mais livré à lui-même, c'était un homme sans caractère... Que de projets n'enfantait-il pas dans un jour! — Plusieurs sont encore inconnus. — Superstitieux à l'excès, rapportant tout au destin, il croyait vraiment être un envoyé du ciel, pour coopérer à notre entière régénération. Profondément hypocrite, il finissait par croire, comme Cromwel, qu'il était inspiré. Je l'ai remarqué, *en me consultant*, fermer les yeux pour toucher les cartes, frissonner même à l'aspect d'un neuf de pique. Oui, j'ai fait trembler ce *monstre*; mais peu s'en est fallu que je ne fusse sa victime. »

En effet, malgré la réserve de ses prédictions ultérieures, Mlle Le Normand fut écrouée à la Petite-Force, et l'accusation intentée contre elle la signalait comme une contre-révolutionnaire, ayant prophétisé pour troubler la tranquillité des citoyens et amener une guerre civile.

Elle prédit à quelques dames de la noblesse qui partageaient sa captivité, la cessation de la Terreur et leur prochaine délivrance. Elle sauva de l'échafaud Mlle Montansier, ex-directrice des théâtres de la cour, et qu'on était sur le point de transférer à la Conciergerie. Voici le billet qu'elle lui fit parvenir :

» Mettez-vous au lit, feignez d'être malade ; un changement de prison vous conduirait à la guillotine ; mais vous l'éviterez et vous vivrez très âgée. »

Les personnes qu'on transféra montèrent sur l'échafaud, et Mlle Montansier, délivrée par le 9 thermidor, est décédée presque centenaire.

Le trop fameux Legendre, boucher de profession et membre de la Convention nationale, le même qui fit l'horrible motion de couper le corps de Louis XVI en quatre-vingt-trois parties, et d'en envoyer une dans chaque département, s'entretint plusieurs fois avec Mlle Le Normand, qui lui reprocha ses fureurs d'énergumène, et contribua puissamment à son repentir sincère.

Elle prédit à Hébert, auteur du journal ordurier du *Père Duchesne*, la triste fin qui l'attendait, et Hébert, pour se venger, fut un des dénonciateurs calomnieux de la Pythonisse.

Danton, le fondateur du club des Cordeliers,

et le promoteur de toutes les grandes mesures
révolutionnaires, amena chez elle Camille Des-
moulins, ce rhéteur fiévreux, le séide fanatique
et la victime de Robespierre.

Barrère était un de ses cliens assidus, et
Mme Tallien, cette femme angélique qui réu-

nissait deux célestes dons si rares ici-bas, une
vertu sans tache dans une beauté adorable.

venait, une nuit chaque semaine, lui serrer la main et la consulter.

Sous le Directoire, le chanteur Garat la visitait, et l'épicurien fashionable Barras, succes-

seur du comte de Provence au Luxembourg, la mandait au palais de Médicis.

Des relations aussi élevées, aussi fréquentes, mirent vite Mlle Le Normand sur la voie de l'avenir qui se préparait. Aussi lui fut-il aisé d'annoncer l'évènement du 18 brumaire, et elle en prévint Joséphine Bonaparte, qu'elle engagea à y prendre une part active, dans le but de servir son époux. La femme du futur empereur avait précédemment connu Mlle Le Normand, et lui avait voué, dans sa nature superstitieuse de créole, une affection profonde.

Voici comment.

Nous avons dit que, pendant la Terreur, la Sibylle de la rue de Tournon séjourna quelque temps dans la prison de la Petite-Force.

Joséphine Tascher de la Pagerie, alors femme du vicomte Alexandre de Beauharnais, effrayée sur le sort de son mari et sur le sien (elle était détenue, à cette époque, au Luxembourg), envoya à Mlle Le Normand sous les verroux, quelques notes au moyen desquelles elle la suppliait de lui dévoiler l'avenir (1).

(1) Mme de Beauharnais s'était elle-même coupé

L'oracle répondit : « Le général Beauharnais sera immolé par la révolution. Sa veuve épousera un jeune officier que son étoile appelle à de magnifiques destinées. »

Le général vicomte Alexandre de Beauharnais fut effectivement exécuté le 23 juillet 1794.

Cette première partie de la prophétie accomplie préoccupa vivement l'esprit crédule et rêveur de Joséphine qui, après la singulière entrevue que nous allons raconter, s'attacha à la Sibylle et la consulta sans interruption dans toutes les conjonctures de sa vie d'épouse, d'impératrice et de femme malheureuse et déchue.

— Consolez-vous, Madame, dit un jour Mlle Le Normand à la jeune veuve dont les beaux yeux étaient baignés de larmes : le bonheur doit vous illuminer de ses plus splendides rayons. Les admirables lignes de votre main font de vous une femme prédestinée. Vous serez reine

les cheveux, pour les faire remettre à ses enfans, tant elle était convaincue qu'elle n'éluderait pas cette proscription générale qui frappait les partis en France !

et impératrice, et la prédiction de la Martinique se réalisera (1).

— Quoi ! on vous a dit ?..

(1) Joséphine n'était encore qu'une enfant, lorsqu'à la Martinique, aux Trois-Ilets, où elle naquit en 1763, une mulâtresse nommée *Euphémie*, en grande vénération dans la colonie comme devineresse, à vingt ans de distance, lui avait prédit une couronne. Quand Joséphine débarqua en France, une flamme phosphorique voltigea autour du grand mât du vaisseau ; la mulâtresse avait aussi annoncé ce prodige.

Voici le sens explicite de ses paroles, reproduites par Mlle Le Normand, sur l'autorité de Joséphine :

« Vous serez unie à un homme blond, destiné à quelqu'un de votre famille ; la jeune personne que vous êtes appelée à remplacer ne vivra pas long-temps*. Un créole que vous aimez ne cesse de penser à vous **; vous ne l'épouserez jamais, et ferez même d'utiles tentatives pour lui sauver la vie. Votre étoile vous promet deux alliances. Le premier de

Sa sœur aînée, Maria.
** M. William de K** créole.

— J'ai lu tout votre passé et votre avenir dans les lignes de votre main gauche.

Joséphine se sentit remuée au fond des en-

vos époux est né à la Martinique, mais il habitera l'Europe et ceindra l'épée ; il aura quelques heureux momens ; un procès fâcheux vous désunira, et par suite des bouleversemens qui adviendront au royaume des Francs, il périra d'une manière tragique, et vous laissera veuve avec deux enfans en bas-âge. Votre second mari sera très brun, d'origine européenne, peu riche ; pourtant il deviendra célèbre, remplira le monde de sa gloire, et soumettra à son pouvoir beaucoup de nations.

Vous deviendrez alors une dame éminente et vous vous élèverez aux honneurs suprêmes ; mais un jour des ingrats oublieront vos bienfaits ; après avoir étonné le monde, vous mourrez malheureuse. Le pays dans lequel ce que je vous annonce doit arriver fait partie de la Gaule celtique, et plus d'une fois, au sein de vos prospérités, vous regretterez la vie douce et paisible que vous meniez dans la colonie. Au moment où vous la quitterez, mais non pas pour toujours, un prodige doit éclater dans les airs,

trailles, et déclara à Mlle Le Normand que ce qu'elle venait d'avancer était la vérité.

et ce sera le premier avant-coureur de votre éblouissante destinée. »

Du reste, en venant au monde, Joséphine avait le front ceint d'une couronne transparente qui n'entoure presque jamais la tête des enfans nouveau-nés. Cette sorte de petite coiffe est toujours d'un présage favorable pour les enfans qui l'apportent en naissant.

(*Mémoires historiques et secrets de l'impé-ratrice Joséphine*, par Mlle Le Normand , deuxième édition, Ier vol. page 78. — Paris , 1827.)

Cet indice des grandeurs futures de Joséphine nous rappelle la flamme mentionnée par Virgile dans l'Énéide, et qui ondoyait autour des cheveux du jeune Iule , sans les embraser.

. . . . tactuque innoxia molli ,
Lambere flamma comas et circùm tempora pasci. »

L'histoire rapporte qu'une merveille du même ordre eut lieu pour Origène.

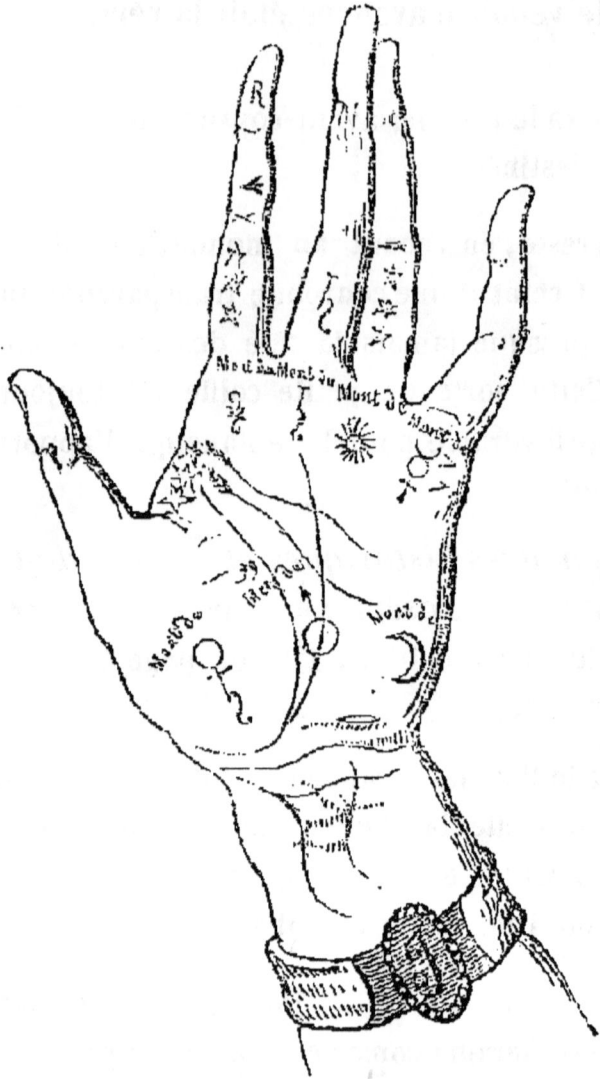

INTÉRIEUR DE LA MAIN GAUCHE DE
L'IMPÉRATRICE JOSÉPHINE.

— Écoutez l'explication de ces lignes, ajouta Mlle Le Normand.

D'abord, elles sont très multipliées. Celle de vie, entre le pouce et l'index, au-dessous du mont de Jupiter (1), vers l'angle suprême, marque votre bonté et votre générosité naturelle: cette ligne vous pronostique des honneurs et d'immenses richesses, mais l'interruption des deux rameaux séparés et désunis, démontre que vous êtes menacée de douleurs dans la tête, de furoncles ou clous, avec péril imminent. La marque de Saturne ♄ dominant l'élévation du mont de Vénus, ♀ annonce que vous succomberez par la suite sous le poids de violens chagrins, et qu'ils accéléreront votre fin. La figure ♄, sur le dos de votre pouce, vous menace d'une mort malheureuse, et cependant votre étoile la dirige vers un point où vous devez être l'étonnement du monde.

La figure sous le doigt de Jupiter, formée de telle sorte ⇆ que les branches en regardent

(1) Voir dans la troisième partie de ce travail la division générale des lignes de la main, par Mlle Le Normand.

le doigt du milieu, vous menace d'une mort soudaine, d'autant plus qu'abandonnant Jupiter, qui est très fortuné, elle s'avance vers le funeste Saturne.

Dans la montagne des lignes élevées, les traits s'entre-coupant de cette façon ♄, déclarent une persécution constante excitée par des personnes puissantes de la famille de vos deux époux, et notamment de celle du dernier. Cette persécution continue doit interrompre en quelque sorte le cours de la puissance promise par Jupiter ♃.

Mais les six étoiles bien formées ⁂ tant sur le mont de Vénus qu'à l'angle supérieur du doigt de Jupiter, marquent un accroissement de biens par des évènemens fortuits, tels que guerres, victoires, changemens dans la destinée des empires. Vous devez régner sous l'influence du maître du monde, et rencontrer aussi sur la scène de la vie des amis chauds, de zélés protecteurs, pour vous garantir des méchans et vous associer aux bons.

Ces cinq petites lignes IIII, pronostiquent

des traverses, et même un emprisonnement. Le
signe de Saturne ♄, entre la première et la seconde jointure, présage que vous succomberez
de bonne heure sous la main du temps... Vous
arracherez à la mort d'illustres et innocentes
victimes. Votre influence sur Mars ♂, dominant le mont de Vénus, doit nécessairement fa-
voriser vos justes demandes auprès de l'empereur, devenu votre époux.

Votre doigt annulaire est très remarquable ;
il a certaines lignes droites III qui décèlent la
femme aimable, ingénieuse et spirituelle ; les
trois étoiles ⁑ sur la racine de la première jointure, annoncent formellement que vous serez
couronnée, que vous posséderez trois titres illustres, mais ne conserverez que le premier
(impératrice). Votre auriculaire gauche est fa-
vorisé. Il dénote la finesse d'esprit et la science ;
le mont de Mercure ☿ est imminent ; mais un
demi-cercle, court et profond, vous menace de
quelques dangers.

Les deux triangles ⊲ ⊲ que l'on aperçoit sur
le mont du Dieu des voyages et du côté des
racines, vous promettent deux enfans légitimes

de votre premier mariage, mais désignent positivement que la malignité vous en attribuera d'autres.

Les restreintes ou razettes de votre main ne sont point tortueuses, quoique coupées par une ligne qui, en s'élevant, montre plusieurs rameaux à l'angle supérieur. La ligne vitale et fourchue vers les razettes, entoure le mont de Vénus; ceci annonce que vous voyagerez dans diverses régions. La vitale, interrompue dans son cours, désigne que les honneurs et les richesses s'éclipseront quelques instans avant votre brillant automne. D'ailleurs, la ligne saturnale, ayant une profondeur proportionnée aux autres lignes, annonce votre excellente constitution, parce qu'elle n'est point entrecoupée de petites lignes vers l'éminence du mont, ni conjointe avec l'infortuné Saturne.

La ligne du foie est longue et droite; elle est véritablement alors une ligne fortunée. Celle dite naturelle va circulairement jusqu'au commencement du mont de la Lune, mais elle n'entre point tout-à-fait dans la Montagne; aussi, vous êtes gaie, non mélancolique ou lunatique; pourtant, cette ligne, tant soit peu courbée

sous le doigt auriculaire, déclare un peu de légèreté, d'autant qu'elle regarde le siège de
Mercure avec une mauvaise élévation ! Aussi,
courez-vous risque de perdre votre fortune, et
de voir des cosaques, fils chéris de Mercure,
envahir vos domaines (1). La ligne mensale de
votre main gauche est digne de louanges; elle
s'épanouit en rameaux, dont l'un semble re-
monter vers l'index et s'étendre aux deux siè-
ges avantageux de Jupiter et de Vénus. Aussi,
votre étoile est-elle le plus heureux des talismans, surtout pour un conquérant, subju-
guant les nations. Vous êtes juste, reconnais-
sante, persévérante dans le bien, mais vous
obligerez une foule d'ingrats !...

Le triangle de l'annulaire droit dénote la ma-
gnanimité, même la prodigalité, parce qu'il occupe l'agréable mont du Soleil ☼, mais son
étendue, coupée d'une ligne, prouve que vous
serez passionnée pour les grandes choses, que
vous aimerez les arts, et que vous protègerez les
artistes. Par l'entre-coupe venant du côté de Sa-

(1) Sans Jupiter protecteur, sous les traits d'A-
lexandre de Russie, cette triste remarque aurait pu
être véridique.

turne , et non de celui de Mercure , vous devez craindre la maligne influence de cette planète , et non ses conséquences ; vos craintes devraient redoubler , si elle était courbée vers le siége de la Lune , et non vers l'angle supérieur.

Le triangle majeur s'inclinant sous l'empire de la Lune , vous rend Mars favorable. Aussi, vous devez jouir d'une gloire sans bornes, avoir deux époux, $=$ 99 , être l'admiration de l'univers par votre prodigieuse fortune , et attrister vos amis par une fin douloureuse et prématurée !...

Quand Mlle Le Normand qui , à l'exemple de la Sibylle antique , s'était laissée aller aux se-cousses du Dieu , et cette fois avec moins de circonspection que d'habitude , eut fini l'his-toire extraordinaire de Joséphine , qui l'avait tant impressionnée , la veuve de Beauharnais demeura devant elle pantelante , le regard cloué au sien ; sa figure trempée de sueur était comme décomposée et d'une pâleur exangüe.

A quelque temps de là (1) , la sensible José-

_____

(1) Dans les salons de Mme de Chât** Ren**.

phine rencontra sur sa route un petit officier de
fortune, qui venait d'être nommé général,

homme d'activité dévorante et de travail inces-
sant, qui cachait sous des traits immobiles comme
le marbre, des projets d'ambition gigantesque,
que le manque d'influence et d'argent semblait rendre à jamais irréalisables ; âme de

feu dans un corps de fer, volcan dont une couche granitique bouchait le cratère. Joséphine fut recherchée par lui; elle épousa le général Bonaparte, malgré mille obstacles et mille remontrances de la part de sa famille, malgré l'avenir étincelant qui lui était promis et auquel elle croyait, car alors elle se persuada que cette union était une abdication volontaire de la couronne prédite (1).

Les conjonctures politiques lui donnaient tout-à-fait raison (2).

(1) Mᵐᵉ de Chât**-Ren** fut chargée par Barras d'être la médiatrice du mariage de Buonaparte et de Mᵐᵉ de Beauharnais; mais celle-ci aimait sérieusement le général Hoche et le préférait au héros de vendémiaire. On intercepta pendant un mois la correspondance des deux amans. Cette ruse réussit: Joséphine, piquée de se voir ainsi négligée par Hoche, consentit à recevoir la main de Buonaparte.

(2) La majorité des directeurs n'aimait point Buonaparte. « La *petite culotte de peau*, disait un d'eux avec un ton goguenard, serait capable de faire le second volume de *Cromwel*, si l'on n'y mettait

Sa nouvelle situation ne l'empêcha pas de revoir son oracle favori.

« Rien n'est changé dans votre destinée, répondit l'oracle. »

En 1793, Bonaparte, avant son mariage avec Joséphine, fatigué d'une lutte inutile, résolut de quitter la France et de demander du service au sultan.

Il envoya à cet effet une note secrète à Mlle Le Normand pour la consulter.

« Vous n'obtiendrez point de passeport, lui fut-il répondu; vous jouerez un grand rôle en France. Une dame veuve vous fera heureux, et vous parviendrez à un rang très élevé par son influence; mais gardez-vous d'être ingrat envers elle : il y va de votre bonheur et du sien. »

Déjà la Sibylle prévoyait le trop fameux divorce, qu'elle annonça plus tard formellement,

bon ordre. Il faut le mater, et l'environner si bien qu'il soit dans une perpétuelle surveillance. »

(*Mémoires historiques de Joséphine,* passim.)

et qui lui valut son arrestation du 11 décembre 1809. Les faits ont prouvé que l'astre de la fortune de Napoléon déclina peu à peu et s'éteignit à partir du jour où il répudia Joséphine, qui était pour lui un *talisman*, un véritable *palladium*.

Cependant des évènemens glorieux, inattendus, s'entassaient les uns sur les autres. Un ordre magnifique de siècles se déroulait aux regards, comme dit le poète épique de Rome (1).

Les combats d'Italie (2) et d'Egypte (3) avaient

(1) Magnus ab integro seclorum nascitur ordo.

(*Églogue à Pollion.*)

(2) Une demoiselle de Vanem, dans une épreuve de somnambulisme, avait prédit à Buonaparte, avant la première campagne d'Italie, et en présence de MM^{mes} Tallien et de Beauharnais, qu'il vaincrait les Italiens. Dès ce moment, il eut un goût décidé pour le somnambulisme.

(*Mémoires de Joséphine*, tome 1 page 284.)

(3) Fouché, ministre de la police générale lorsque Buonaparte était en Égypte, fit censurer une comédie héroïque en trois actes, *les Français en Égypte*, de Mlle Le Normand, où l'auteur mettait

fait de Buonaparte l'élu de la victoire; le triomphe

ces paroles dans la bouche de Buonaparte : « Je ren-
trerai en France, et ne déposerai les armes que
lorsque la République n'aura plus d'ennemis.

(*Mémoires historiques*, Passim.)

du 18 brumaire lui frayait le chemin de l'empire et lui préparait la conquête de l'Europe...
Joséphine, éblouie de tant de splendeurs, devint
l'amie intime de celle qui les lui avait pronosti-
quées, et avec l'aide de la Sibylle, qu'elle con-
sultait à chaque instant, elle lisait dans l'avenir
comme dans les pages d'un livre.

Sous le consulat, le 2 mai 1801, Joséphine
manda à la Malmaison Mlle Le Normand, qui ra-
conte ainsi elle-même sa visite :

« Le 2 mai 1801, je fus invitée à me rendre à la Malmaison sur les neuf heures du matin. Je l'avoue, j'ignorais absolument quelle
était la personne qui me faisait demander ; j'au-
gurais même que ce ne pouvait être qu'une
des femmes attachées à Mme Buonaparte. J'étais
alors loin de supposer que, dans un tel degré
d'élévation, cette adepte daignât se ressouvenir
de moi. Je sais par une longue expérience que
le culte d'une certaine reconnaissance a peu
d'adorateurs. Il paraît que mon illustre *consultante*, pour donner le change sur le genre de
conseils qu'elle désirait de ma part, avait fait

semer le bruit qu'elle voulait connaître l'auteur d'un vol commis récemment dans le château; c'est du moins ce que me dit mon introductrice.

» J'arrive et pénètre bientôt auprès d'une de ses dames, nommée Mlle *Albertine*. J'avais été retardée, et il était alors presque impossible d'être admise sur-le-champ ; mais, un instant après, paraît une dame dans un négligé très modeste. Elle me dit obligeamment : « Veuillez bien m'instruire de mon sort futur, et dites-moi réellement si je dois long-temps encore habiter cette maison. »

» Je l'examine avec soin, et remarque dans l'ensemble de sa physionomie quelque chose d'agréable et d'extraordinaire, et même un mouvement de surprise m'échappe en la regardant.

» Son front était le siége de la sérénité ; c'était une table d'airain où tous ses sentimens se gravaient en caractères de feu ; son sourcil était la marque révélatrice de ses affections; la nature avait mis dans ses yeux des signes pour me dévoiler son caractère. D'après des remarques claires et fondées sur les règles de l'art, il ne me fut pas difficile de voir que cette personne était appelée à remplir des destinées vraiment extraordinaires. Ainsi donc, ne m'en rapportant point à ses dires actuels, mais bien à l'étude certaine de la *chiromancie* et de la *cartomancie*, je procède spontanément par le coup de vingt-cinq tableaux, et je dis à cette adepte : « Je vous le prédis de nouveau, Madame, tout me promet, d'après ce fidèle résumé, que vous formez maintenant des vœux pour voir élever la puissance de votre époux. Ah ! gardez-vous-en bien : si jamais il parvenait à saisir le sceptre du monde, cet ambitieux vous délaisserait. »

» Elle rit beaucoup de cette dernière prédiction, et ajouta agréablement qu'elle la redoutait peu, puisque, pour qu'elle se réalisât, il fallait qu'elle devînt *reine*, ce qui ne paraissait alors guère probable, ni même ne pouvait le devenir, d'autant plus que tous les esprits ne tendaient alors qu'à la consolidation d'une république une, indivisible et indépendante.

» Elle multiplie ses questions sur ses enfans.

» On parlait du mariage de sa fille, mais rien ne transpirait ni n'était arrêté.

» J'annonçai qu'elle serait alliée à la famille

de son beau-père, mais qu'elle préfèrerait un époux de son choix. — Madame Buonaparte me répliqua qu'elle le désirait, mais que cela ne dépendait pas d'elle. — Son fils l'occupait beaucoup : cette tendre mère ne voyait en tout que le bonheur des êtres qu'elle aimait. Son unique crainte était de voir succomber son Eugène sous les lauriers qu'il ne manquerait pas de cueillir.

» D'après de justes et consolantes observations sur ce sujet, je lui dis : « Retenez bien ces mots, Madame : ils sont pour vous prophétiques.... Un jour viendra, et ce jour pour vous n'est pas loin, où vous jouerez le premier rôle en France. »

» Elle ne put alors s'empêcher de me dire : « Eh bien! apprenez, Mademoiselle, que vos prédictions jusqu'à aujourd'hui se sont de point en point toutes réalisées; la dernière m'annonçait *le retour d'un homme qui doit, selon vous, régénérer la France.* Maintenant, nos destinées devraient être fixées... Je voudrais seulement savoir si elles seront immuables, ainsi que celles du premier consul, car elles sont inséparablement liées les unes aux autres; surtout, dites-moi bien si le gouvernement actuel, qu'un génie

supérieur vient de fonder, doit braver ou en-
courir plus tard l'inconstance de la fortune. »

» Je répondis, après quelques instans de mûres
réflexions : « Non, Madame, vous ne pourrez
rester au point où vous êtes arrivée. Vous devez, d'après vos *six étoiles* (1), vous élever plus
haut ; il faut que trois changemens extraordinaires modifient encore les constitutions de l'état,
avant qu'il acquière une sorte de consistance.
— Ah ! que dis-je ? Je le vois : vous règnerez ,
vous serez assise sur le trône des rois ; la force
veorte-d- *génie* vous promet de grandes et in-
concevables destinées ; mais un jour votre époux
pourra oublier des promesses solennelles, car,
malheureusement, plus il sera grand, et plus il
descendra vers les détours de l'artifice... »

» A la fin, elle me quitta. Pendant ce léger in-
tervalle, je reçus la fille et la nièce de l'épouse
de cet homme qui bientôt devait parvenir au
faîte de la gloire...

» Mme *Buonaparte* me fit inviter de nouveau à

(1) Allusion à l'intérieur de la main gauche de
l'impératrice Joséphine.

passer dans son appartement ; elle était alors
à sa toilette. Un instant après, je vis entrer Buonaparte ; il parla agréablement à son épouse,
il la félicita même de ce qu'elle portait ce jour-
là une robe de nos manufactures de Lyon ; puis,
se retournant bientôt, il dit en la regardant, et
moi après : — Quelle est Madame ? — Sur son
obligeante réponse qu'elle me connaissait, et
qu'elle lui déclinerait mon nom, il n'ajouta rien,
et se contenta de me saluer ; il se mit à caresser
une chienne carline qui se trouvait dans l'appartement. Comme je l'imitais, il me dit : « Pre-
nez-y garde ; elle vous mordrait, surtout ne vous
connaissant pas. »

» Je lui répondis que j'aimais beaucoup les animaux. Il resta un instant surpris. Le son de ma
voix l'avait doublement frappé ; ses yeux ne quit-
taient plus les miens.

» Il prit la main de *Joséphine* et la fit sortir.
Un instant après elle rentra et me dit : « Vous
êtes bien la personne ayant prédit au *premier
consul* ses destinées brillantes ; il est encore
tout étonné. » Mais, me dit-elle avec l'élan que
donne la confiance intime, ne le répétez à per-

sonne, car les grands hommes n'aiment point à révéler au public qu'ils sont sujets aux mêmes faiblesses que le vulgaire.... Mais croyez que *Buonaparte*, dont la mémoire est prodigieuse, ne l'oubliera jamais.

» En effet, depuis ce temps, si le hasard permettait que je le rencontrasse, il me regardait fixement avec son œil observateur, et ne pouvait, toutefois, s'empêcher de me sourire...»

(*Mémoires historiques et secrets de l'impératrice Joséphine*, par Mlle Le Normand. — Tome II. Notes. — 1837.)

Lorsque le premier consul forma le camp de Boulogne, quoique Mlle Le Normand eût auprès de lui dans Joséphine une protectrice à toute épreuve, il manifesta une violente colère en apprenant que la Sibylle avait annoncé à l'avance sa défaite, s'il tentait une descente en Angleterre.

Instances, prières poussées jusqu'à l'importunité de la part de la bonne Joséphine, rien ne put comprimer le ressentiment de Buonaparte.

L'esprit autocratique de Napoléon perçait déjà dans le premier consul; personne ne lui résistait impunément. Mlle Le Normand expia la témérité de sa prédiction par une année de détention aux Madelonnettes, d'où elle sortit le 1er janvier 1804, en adressant à Fouché ce quatrain de bonne année, à la manière de Pibrac :

« Si le préfet veut bien, en ce moment,
» Par un bienfait commencer cette année,
» S'il m'ouvre enfin ce triste appartement,
» Je lui prédis heureuse destinée. »

Quelle puissance n'a pas un quatrain, surtout celui d'une prophétesse ? Les vers lus, Fouché ordonna la mise en liberté de Mlle Le Normand, qui, du haut de son observatoire du faubourg Saint-Germain, cultivait avec acharnement le grand et le petit jeu, voyait ses salons remplis de nobles visiteurs, de courtisans, et particuliè-

rement de ducs, de comtes et comtesses, ennemis du nouvel ordre de choses, qui affichait l'insolence jusqu'à se passer entièrement de leur
concours, sans les inquiéter ni s'occuper trop
de leurs innocens manéges.

Au milieu de cette cour empressée, avide de

ressaisir une prépondérance perdue, Mlle Le
Normand, bourbonnienne à l'excès, élevait sa
science mystérieuse à la hauteur de la politique ;
elle suivait sur la carte européenne les pas de
l'Alexandre moderne, et livrait au grand jour
les plans qu'il venait à peine d'ébaucher dans sa
tête.

Le pouvoir étrange de cette femme le gênait
d'autant plus qu'il était forcé d'y croire. Le passé
était là avec ses faits d'airain.

En 1807, cédant aux sollicitations de Joséphine, il avait demandé à la Sibylle une consultation dans les règles ; mais il avait adopté des
mesures de précaution minutieuse, afin de ne
pas être découvert.

Ainsi, une fille de campagne, qui était sourde
et ne savait ni lire, ni écrire, apporta un soir à
Mlle Le Normand un papier qu'elle déclara tenir
d'un inconnu ; sur ce papier non signé se trou-
vaient écrits l'heure, le jour et le mois de la
naissance du consultant ; il y faisait aussi connaître la fleur qu'il préférait et l'odeur qui lui
était la plus agréable, toutes formalités préala-
blement nécessaires.

(La copie authentique de ce mémorable horoscope est déposée à la préfecture de police depuis
le 11 décembre 1809, jour où Mlle Le Normand su-
bit une nouvelle arrestation, et où ses notes furent
saisies. Les quelques journaux qui ont parlé de cette
prédiction ayant été contraints de la mutiler, nous
la rétablissons ici telle que nous l'avons sous les
yeux, page 403 des *Souvenirs prophétiques.*)

Extrait exact du thème de naissance de Buonaparte. — 1807.

« Le consultant est né sous une étoile heureuse : à sa naissance, tous les astres se trou-
vaient dans une conjonction favorable. Le Soleil,
Mars et Jupiter lui prodiguèrent tous leurs dons.

» Il est né dans un île qui maintenant fait
partie intégrante de la France. Son père n'existe
plus ; il a quatre frères et trois sœurs ; deux de
ses frères ont été mariés deux fois... Sa mère
habite aujourd'hui la capitale ; elle lui doit beaucoup. Le caractère du consultant est ferme et
prononcé, parfois *méditatif*, plus sérieux que
gai ; il tient beaucoup à son sentiment : il n'aime
pas à être gouverné, même par les femmes, évi-

tant surtout de leur donner trop d'ascendant ; il
donne très difficilement sa confiance ; il craint
d'être deviné, ce qui lui fait cacher ses moindres actions ; il est sensible à l'offense et la par-
donne difficilement ; il hait les ingrats.

» Dès son jeune âge, il dut être destiné à l'é-
tat militaire ; il a reçu les meilleurs principes ,
ceux même qui concernent l'artillerie. — *Au*

passé, il a été attaché à un corps respectable, et s'est même trouvé dans une ville assiégée par eau (1). Il a parcouru la belle Italie et est entré dans la capitale du monde chrétien ; un moment même il a dû y être considéré.

» Ce consultant a vu un pays qui, dans des temps reculés, fut le berceau d'une religion (2);

(1) Toulon.
(2) L'Égypte.

il a dû être chargé d'un commandement, et ceux
qui avaient coopéré à son voyage ne croyaient
plus le revoir ; son épouse même en perdait l'espérance ; *il lui fut prédit, à elle, ou à ses*
ayant-cause, qu'il reviendrait (1); et trois se-
maines ou trois mois s'étaient à peine écoulés
depuis son retour, qu'il fut investi de grands
pouvoirs (courut même deux dangers, l'un par
explosion), et finit par dicter des lois à ses ennemis les plus prononcés.

» Son épouse est étrangère, aimable et gra-
cieuse ; elle l'aime vraiment. Je la vois doublement contrariée dans ce moment ; elle craint,
avec juste raison, qu'il ne change pour elle (2);
que des propos tenus au hasard, et que le vulgaire se plaît à répéter, *ne se tournent par*
suite en certitude...

» Le consultant a dû faire la connaissance de

(1) Mlle Le Normand a annoncé plusieurs fois son
retour à Joséphine ou aux personnes qu'elle lui en-
voyait.

(2) Toujours la Sibylle prévoit le divorce inévi-
table !

cette aimable dame d'une manière singulière; une circonstance a décidé ce mariage ; un homme en place a pu en donner le conseil (1) ; mais il était dans la destinée de l'un et de l'autre d'être unis : il est des choses incroyables dans la vie... Elle était veuve d'un homme blond, estimé dans *le militaire*, et qui lui avait laissé deux enfans, un garçon et une fille (2).

» Cette *dame* avait perdu son premier époux par le fer, et d'une façon terrible ; elle-même s'était vue renfermée dans un palais qui, dans ces temps malheureux, servait de prison.

» Aujourd'hui, ce beau monument est rendu à sa destination.

» Cette épouse, à plus d'un titre, doit lui être

_____

(1) Le directeur Barras, dans les salons de M. de Chât**-Ren**, où il fit admettre le *petit Buonaparte*, comme on l'appelait alors.

Buonaparte lui-même nommait plaisamment Barras, un *monarque à terme.*

(2) Eugène et Hortense de Beauharnais.

chère : elle porte bonheur à tout ce qui l'entoure... Bref, tout doit lui réussir.

» Son fils est marié à une Allemande de bonne maison qui dicte des lois (1); il habite un pays où l'on aime la bonne musique (2). Sa fille s'est alliée à la famille du consultant; elle porte son nom propre (3).

» Cette jeune dame a déjà dû résider dans un pays où la marine et le commerce font la richesse des habitans (4). Elle a eu deux fils; l'un n'est plus; elle en porte un troisième, et qui viendra à bien (5).

» Mon consultant est fortement préoccupé;

(1) Eugène de Beauharnais a épousé la fille du roi de Bavière.

(2) Eugène a été vice-roi d'Italie.

(3) Hortense de Beauharnais s'est mariée à Louis Napoléon, roi de Hollande.

(4) Amsterdam.

(5) Louis Napoléon, fils du roi de Hollande.

je le crois même incertain, ce qui ne lui arrive
guère ; car il sait prendre un parti sur-le-

champ. — Une démarche que doit faire son épouse, et qu'il lui conseille, étonnera bien du monde ; intérieurement, il ne peut que lui en savoir gré. Néanmoins, — cette *dame rencontrera quelques obstacles — qui, plus tard, finiront par s'aplanir. — Elle aura lieu, cette démarche unique ; mais au bout d'un temps (vingt-huit lunes au plus), et le consultant saura un jour bien douloureusement ce que cette séparation lui aura coûté...*

» Ce consultant a le sang échauffé ; il a même besoin d'un peu de repos ; cela ne s'accorde guère avec son caractère ardent. — L'exercice, pris modérément, lui devient nécessaire, ainsi que la transpiration non interrompue. Il a parfois des boutons qui paraissent sur la superficie de la peau, même un peu dans ce moment (1). Cela vient de veilles et de voyages ; mais, avec

(1) Joséphine pansait elle-même Napoléon lorsque Mlle Le Normand écrivait ceci : la singularité et la justesse de cette prédiction les étonnèrent tous deux. Ce fait a été rapporté à la Sibylle par des témoins oculaires.

(*Souvenirs prophétiques.* Passim.)

de bons soins multipliés, il n'a rien à craindre.

» Une grande affaire se négocie dans ce moment; il n'y est point étranger : elle pouvait même le concerner personnellement, ou les siens.

» Le nom du consultant se répètera aux extrémités de la terre; on le recherchera même non loin du pays de la grande muraille (1). Il coopèrera à de grands évènemens; il sera le médiateur de grands intérêts. — Il lui est prédit qu'il sera l'homme unique...

» Il est quatre choses extraordinaires (2) que

(1) La Perse.

(2) Cette explication fut demandée par un autre horoscope, que Mlle Le Normand envoya quelque temps après à Joséphine : c'est là où elle dit : 1° que la guerre d'Espagne était impolitique et deviendrait funeste; 2° qu'il était expressément recommandé à Buonaparte de ne jamais toucher à l'encensoir; qu'il serait maître de *Rome*, mais que tout ce qui regardait le spirituel devait être sacré pour lui ; 3° qu'il se défiât du vent d'Aquilon, car de l'Aquilon viendraient tous ses maux.

En apprenant ce résumé, l'empereur demeura un

e lui dirai en temps et lieu. Il doit les éviter. L'une, entre autres, tient à sa vie; cela arrivera de trois à sept années, au plus tard (1).

» Le consultant est homme d'état ; il travaille souvent dans le secret du cabinet, et il parlera aux plus grands. Il a trois sortes d'amis : *de bien vrais, qui lui sont attachés par la reconnaissance*; d'autres tiennent à sa fortune présente; d'autres épient ses moindres actions. Quant à lui, bien fin qui le devine ; il montera aux plus grands honneurs auxquels un homme puisse prétendre ; *mais si d'ici à sept années il me consulte et se ressouvient de mes prédictions passées, tant mieux pour lui*, car je vois tant

moment interdit, et en dînant, le jour même, il menaça de donner des ordres contre Mlle Le Normand. Joséphine envoya une de ses femmes à la Sibylle, à dix heures du soir, pour la prévenir de veiller à sa sûreté. Mlle Le Normand consulta aussitôt sa cabale en présence de la personne, et ajouta qu'elle n'avait rien à craindre. En effet, Napoléon oublia le lendemain sa colère, et la Sibylle ne fut pas poursuivie.

(1) La conspiration de Mallet.

d'évènemens pour ce consultant, qu'il me faudrait un in-folio pour les relater tous.... »

En 1808, Mlle Le Normand démasqua les projets de Napoléon sur les États romains : le lendemain lundi, jour consacré à Diane, à onze heures du matin, au moment où une assemblée nombreuse et brillante se pressait chez elle, des *alguazils* entrent en souriant malignement, et fendent les flots de la foule.

« Vous voyez les adeptes qui m'environnent, leur dit-elle ; je dois craindre les faux frères, car aujourd'hui même je dois être arrêtée.

» —Vous ne vous trompez pas, répond un des commissaires en lui montrant son écharpe, car nous sommes ici dans cette intention.

» —Votre visite n'a rien qui me surprenne ; ce calcul me l'annonce. Et, en parlant ainsi, la Sibylle tenait en main un jeu de cartes qu'elle venait d'étudier.

» Regardez dans mes cartons (1), reprit-elle ;

(1) En effet, la visite de la police y était annoncée.

il y a quelques jours que je pressentais votre venue. »

Soudain l'investigation la plus sévère commence : un miroir ardent de *Luc Gauric*, ses *trente-trois bâtons grecs* et sa *cabale* de 99 de Zoroastre, échappent à la police, qui lui enlève sept énormes cartons, quatre volumes in-4° de la *Science de la physiognomonie* (1), neuf grandes cartes mathématiques de celle des nombres, sa baguette divinatoire et son précieux *talisman*, oublié par elle dans un portefeuille contenant les silhouettes choisies des vrais croyans (2).

La Sibylle fut conduite à la préfecture de police, où l'on procéda à son interrogatoire ; on trouva, en faisant l'inventaire de ses papiers, un recueil de prédictions à Alexandre, à Jules César, à Tibère, à Dioclétien, à Henri IV, à Charles Ier, à Louis XIV, à Louis XV, aux ducs de Biron, aux maréchaux de Schomberg, de Luxembourg, etc. ;

(1) Par Jean-Gaspard Lavater.

(2) *Souvenirs prophétiques*, p. 9.

Le Portefeuille d'une Sibylle, ouvrage rédigé par une académie aérienne, ou société d'esprits élémentaires;

Un rouleau de feuilles de palmier, écrit en chaldéen, sur *les sorts, les anneaux constellés, les talismans* et *figures magiques, la pierre philosophale* et *la médecine universelle*, tous mystères au-dessus de l'intelligence humaine.

Mlle Le Normand, interrogée dans les formes sur son art et sur les personnes qu'elle recevait habituellement, répondit avec un sang-froid imperturbable :

» Depuis tant d'années, Monsieur, nous avons fait un si cruel apprentissage du malheur, tous les genres d'adversité ont fondu avec tant de rage sur notre triste patrie, que vous ne devez pas être surpris si, de toutes parts, on vient chez moi implorer des motifs de consolation. Que de mères, que d'épouses, que de veuves auraient expiré de douleur, si je n'avais rallumé dans eur cœur le flambeau de l'espérance!

» —Mais, enfin, il vous serait facile de troubler

l'harmonie des ménages et de répandre la division dans les familles.

» — Ceux qui professent mon art peuvent, sans nul doute, se porter à de pareils excès, lorsque leur seul mobile est la cupidité ; mais, comme Minerve, je tiens toujours la branche d'olivier, et la sagesse de mes conseils a souvent fait pencher la balance de Thémis en faveur des opprimés.

» Quant à mes adeptes, j'en ai dans toutes les parties du globe : ma correspondance vous le prouve. Son Exc. l'ambassadeur de Perse m'a honorée de sa confiance. On s'occupe de moi en Amérique; en Afrique, j'ai des milliers d'affiliés. En Asie, ma merveilleuse *cabale* sert de boussole aux cabinets. En Europe, je puis compter parmi mes consultans tout ce qu'il y a de gens d'esprit et de mérite, de braves officiers, de personnages recommandables et qui ont peur...

» Quant aux femmes de distinction et de cœur qui me consultent, elles sont innombrables, comme les grains de sable de la mer.

» Je possède les secrets de bien des familles.

mais détrompez-vous , si vous me croyez assez lâche pour vous les livrer...

» Ecoutez. J'ai porté des consolations dans l'âme d'une auguste personne profondément affligée. Elle est victime d'une ingratitude insigne. Cet ange de paix et de bonté forme des vœux pour son persécuteur. Un samedi, le 16 décembre, l'œuvre inique sera consommée.

» — Quoi ! répartit l'interrogateur , vous persistez à soutenir que Napoléon a le projet de répudier Joséphine ?

» — Je l'ai prédit en 1807. Je m'en tiens là. J'attends les évènemens. Du reste, le 31 mars 1814 donnera la solution du problème que je ne veux pas éclaircir aujourd'hui.

» — Mais dites-nous au moins par quels prestiges vous avez capté la bienveillance de l'impératrice qui vous comble de présens ?

» — Depuis plusieurs *lustres*, Joséphine apprécie mon art ; plus d'une fois j'ai fait renaître la sérénité dans son cœur tourmenté. Ses bienfaits ne se bornent qu'à quelques gages d'amitié. Il en est un surtout , inestimable pour moi : c'est une boucle de ses cheveux, qu'elle a daigné m'offrir (1). Jamais, Monsieur, aucune somme d'argent, grande ou petite, ne m'a été remise ni proposée par elle.

» — Quelle est cette bague dont on fait un éloge si pompeux dans les papiers trouvés en votre demeure ?

» — Il y a long-temps que l'hommage en a été agréé par une personne souveraine ; elle a bien voulu la recevoir, et la porte constamment au doigt du *Soleil*, comme un souvenir de l'amitié qu'elle a pour moi, et dont je suis fière.

» — Quel est ce songe dont on vous demande une interprétation précise et détaillée (1) ?

(1) Cette réponse, comme toutes les autres, est consignée dans l'interrogatoire de Mlle Le Normand, présenté au ministre de la police, et mis sous les yeux de Napoléon. Joséphine déclara que son contenu était véritable, et elle ajouta même que le moindre souvenir de sa part avait plus de prix aux yeux de Mlle Le Normand que tout l'or dont elle aurait pu la couvrir.

(1) L'interprétation en fut envoyée à Joséphine

— C'est l'avertissement du plus grave des évènemens. La bonne Joséphine, sur le point d'être délaissée, se voit entourée d'une prodigieuse quantité de serpens se repliant en tout sens, et l'enlaçant de leurs orbes comme dans le groupe célèbre du Laocoon. Celui qui se noue autour de son bras gauche et se mord la queue, lui présage l'immortalité. Peu à peu ces repti-

es se détachent, se glissent et s'emparent de Napoléon; ils l'enveloppent et le serrent jusqu'à

par Mlle Le Normand, le 28 novembre 1809. Le double fut découvert dans ses papiers. Ce songe est connu, et nous n'en donnons ici que le résumé par la bouche de la Sibylle elle-même.

(*Souvenirs prophétiques*, page 50.)

7

la strangulation. Ceci indique que la mémoire de Joséphine sera recueillie avec amour par la postérité, et que Napoléon, égaré par la foule de ses flatteurs, pourra bien payer cher son ingratitude (1).

— A qui s'adressent ces divers horoscopes où vous semblez prédire que les descendans d'un grand roi pourront un jour revoir leur patrie ; que de 1814 à 1815 leurs maux seront à leur terme ou bien près de finir (2)?

— Souvent j'ai été consultée sur les infortunes des princes de la maison d'Espagne ; par mes calculs, j'ai acquis la certitude que la tyrannie cesserait ; que la main puissante qui les avait frappés feindrait un jour de vouloir réparer d'horribles injustices ; mais qu'il n'était réservé qu'au noble courage d'une nation si fidèle de commencer et de perfectionner son bel ouvrage, étant dirigée vers la gloire par son

(1) Voir le *fac-simile* de la lettre de Joséphine à ce sujet, à la fin de cette biographie.

(2) Ces horoscopes sont déposés à la préfecture de police, comme pièces authentiques et à conviction contre Mlle Le Normand.

affection persévérante pour ses rois légitimes, et par l'enthousiasme que lui communiquera de nouveau un guerrier généreux (1) qui, dans les champs teints du sang des vieux Maures, cueillera des palmes immortelles. *Il n'en faut qu'une, Monsieur, pour éterniser sa renommée : aussi l'Europe entière la lui décernera-t-elle...*

— Quelle est cette palme ?

— Mon génie Ariel (2, m'impose le silence.

Pendant l'arrestation nouvelle de Mlle Le Normand, Joséphine, son amie, ne s'endormait pas ; elle employait toute espèce de ruses pour correspondre tacitement avec elle, jusqu'à lui envoyer des lettres dans des perdrix rôties (3).

Du reste, la captivité de la Sibylle fut adou-

(1) Lord Wellington.

(2) Le génie Ariel, esprit super-céleste très puissant.

(3) Un jour, elle reçut dans un potage une petite bouteille hermétiquement fermée, dans laquelle était un billet; son petit chien recélait dans son collier un avis de la dernière importance.

cie par la politesse et même par l'intérêt que lui témoignaient ses gardiens. Un d'eux, nommé *Vautour*, la déridait jusqu'au rire par ses ap-

préhensions de la magie et des sortiléges. Il en

avait frayeur, et tremblait devant elle comme une feuille aux vents.

Le poëme sentimental de *la Pitié*, de Delille, charma les ennuis de sa prison. Mlle Le Normand en connaissait particulièrement l'auteur, qui l'avait fréquentée et l'estimait. Le joyeux vaudevilliste et chansonnier de Piis séjourna avec elle à la préfecture de police ; elle y obtint la permission de recevoir ses amis, et un peintre de talent y dessina son portrait.

Cette détention de Mlle Le Normand dura douze jours. Le onzième, elle consulta ses cartes égyptiennes, divisées en trois carrés de forme triangulaire ; le Soleil lui annonçait une protection universelle ; la Corne d'abondance était le pendant de l'Étoile du bonheur, réputation illimitée ; le Sphinx commandait aux quatre élémens.

Elle recommença. Le *roi de cœur* se trouva avec son *as* et son *dix*, accompagnés de l'*as de pique* et du *neuf de trèfle*. Plus de doute, l'oracle avait dicté un arrêt définitif ; elle allait être immédiatement libre : ce qui eut lieu.

Rentrée chez elle, la Sibylle examine son

agenda; un concours inouï était venu chaque
jour; sept cent dix-neuf cachets étaient retenus ;
ceux qui les avaient laissés ignoraient que, pendant quelque temps, le trépied de la Pythonisse
se trouvait sous l'influence du *petit Léviathan*.

Pendant cette captivité, l'acte du divorce de
Napoléon avec Joséphine s'était consommé au
jour même prédit par Mlle Le Normand. L'impératrice, qui en avait été informée par la Sibylle, accourut tout en pleurs dans la chambre
de son mari, le matin du jour où la France devait le connaître. Cet acte, conseillé par Fouché,
avait été rédigé au milieu de la nuit et dans le
secret le plus impénétrable.

— Ah! Sire, s'écria la pauvre Joséphine, vous
me perdez ! Vous m'avez sacrifiée à votre ambition, à ce que vous appelez une raison d'état!

— Que voulez-vous dire, Madame ? répartit
l'empereur, visiblement troublé. Qui donc a
pu... Le traître !... qu'il tremble !...

—L'acte de mon divorce est préparé. Il n'y a
pas de traître : vos intimes vous sont fidèles ;
mais je sais tout : Mlle Le Normand m'a tout ap-
pris.

Une heure après, le préfet de police Fouché mandait la Sibylle à son bureau.

— Je vous arrête, Mademoiselle. Vous ne vous y attendiez pas?

— Non. J'avais apporté le grand jeu pour une consultation, et là dessus la Sibylle, avec une tranquillité parfaite, déroulait les cartes sur la table du ministre.

En arrivant à Paris, Fouché, simple député à la Convention nationale, avait été entraîné par un ami chez Mlle Le Normand, qui lui avait dit prophétiquement, dans un charmant calembourg (1) :

— Vous vous êtes déjà élevé bien haut, mais vous vous élèverez plus haut encore.

Cette première partie de l'oracle avait trait à une aventure de la jeunesse de Fouché, à Nantes. En présence de toute la ville, ce jeune pro-

_____

(1) L'à-propos sibyllin de ce calembourg doit humilier nos deux amis J* A* et P.....y, les deux plus formidables *calembouristes* de Paris, de France et d'ailleurs.

fesseur de philosophie était monté intrépidement dans un aérostat, ce qui lui avait octroyé une réputation de bravoure à toute épreuve.

Fouché réprimanda sans ménagemens la Sibylle sur l'imprudence de ses prédictions.

Celle-ci ne faisait pas trop mine de l'écouter, et interrogeait ses cartes.

— Ce *valet de trèfle* revient toujours, murmura-t-elle entre ses dents, en interrompant les semonces du ministre.

— Mademoiselle, vous allez retourner en prison, lui dit-il, et peut-être que, cette fois, vous y demeurerez long-temps.

— Bah! qui vous l'assure? Ce *valet de trèfle* m'en fera bien sortir.

— Vous croyez?

— Certainement : il représente votre successeur, le duc de Rovigo (1).

Quelque temps avant son exil, signé par le duc de Rovigo, qui succéda à Fouché, Mme de Staël se laissa gagner par la mode, et alla consulter Mlle Le Normand.

— Vous méditez, lui fut-il répondu, une démarche dont vous vous repentirez. En effet,

(1) Fouché racontait cette conversation à qui voulait l'entendre.

illustre *bas-bleu*, le lendemain, fut reçue en audience particulière par Napoléon, dont elle cherchait à attirer l'attention, et qu'elle contrariait par les idées de franchise et de liberté qu'elle semait dans ses livres. Napoléon l'accueillit avec aigreur, et manqua envers elle à la galanterie qu'il avait pour les dames. Il la surnomma *pie bavarde*, faisant allusion au drame de la *Pie voleuse*, qui florissait alors.

L'auteur de *Corinne*, frappée de ce que lui avait dit Mlle Le Normand, la revit souvent, mais elle ne reparut plus aux Tuileries.

Elle connut son exil de Coppet par les prédictions de la Pythonisse; ceci ne l'empêcha nullement d'écrire avec toute l'indépendance de son esprit supérieur.

De 1810 à 1814, Mlle Le Normand exerça sa science mystérieuse. L'empire avait arrondi sa fortune et porté sa réputation au sommet. Ses prophéties capitales étaient faites; la série des évènemens en amenait naturellement la réalisation.

Le vent glacial du nord venait d'ensevelir dans

les neiges de la Russie l'armée la mieux disci-
plinée et la plus formidable du monde, l'armée
d'un Xerxès titanien.

C'était prédit.

Napoléon roulait fatalement à l'abyme depuis
la répudiation de Joséphine. Vainement dans ses
haltes à Paris, consultait-il la Sibylle par toutes
sortes de voies occultes ; vainement lui fit-elle
à lui-même les cartes, car le grand homme
croyait au despotisme du destin, qui se joue de
tous les despotismes humains : les temps étaient
accomplis ; l'orgueilleux Sicambre devait cour-
ber la tête.

Le 31 mars 1814, ce jour de funèbre mémoire où les rois alliés entrèrent solennellement

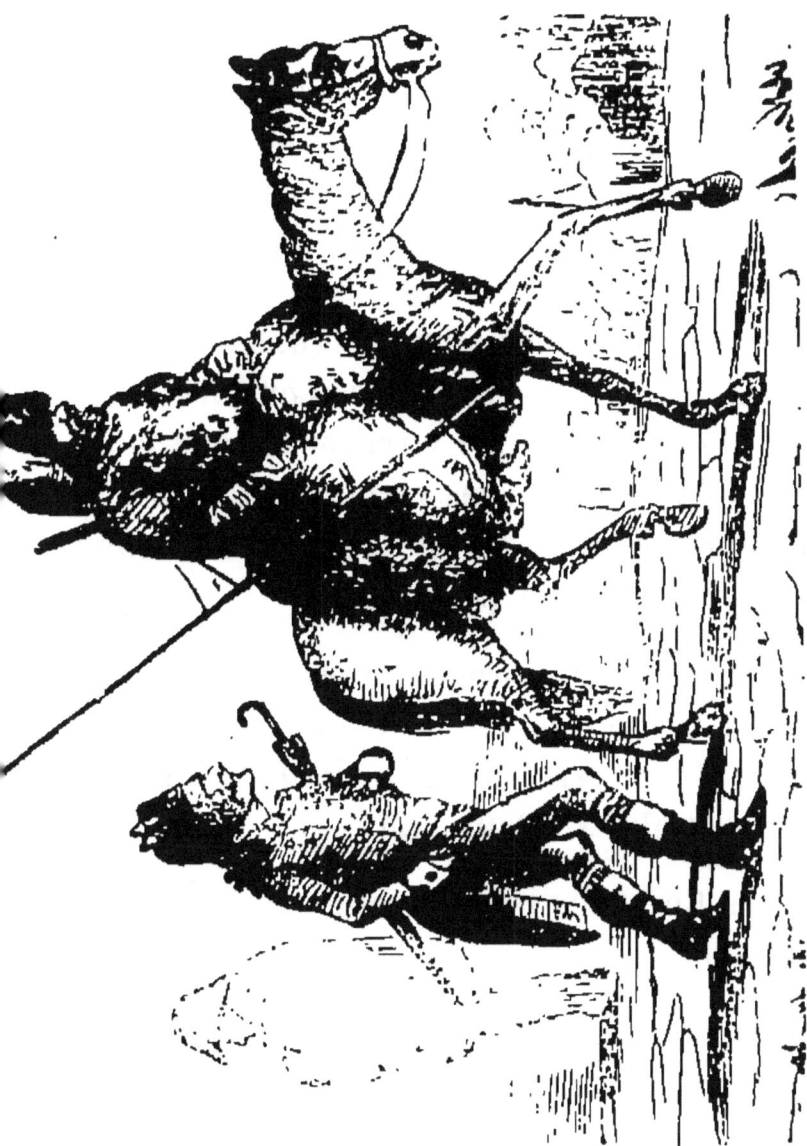

dans Paris aux cris enthousiastes d'un peuple qui avait trop souffert depuis vingt ans pour ne pas oublier momentanément que l'occupation du sol par des étrangers est le plus épouvantable fléau qui puisse désoler une grande nation; ce jour-là, auquel M¹¹ᵉ Le Normand avait renvoyé l'interrogateur officiel de sa prison pour lui expliquer la solution définitive du problème de l'avenir, la Pythonisse courut place Louis XV, à dix heures du matin, et elle y rencontra une foule innombrable. Des dames y coupaient et y distribuaient des rubans blancs; elle fut reconnue et entourée de toutes parts.

— C'est M¹¹ᵉ Le Normand, c'est notre Sibylle royaliste, s'écrie-t-on autour d'elle. — Elle a annoncé 1814! — Vive le roi! vivent les Bourbons! vive M¹¹ᵉ Le Normand!

— Les Cosaques vont-ils nous piller, lui demande-t-on?

— Non, mes amis, répond-elle; Paris sera préservé: une main plus puissante que celle des hommes veille sur lui.

A cet instant paraît une brillante cavalcade,

et l'écharpe blanche se déploie aux airs. Ivre de joie, la Sibylle ne se souvient plus de son rôle austère ; elle se met à danser au milieu des groupes, qui l'applaudissent avec frénésie.

Il y avait bien çà et là quelques curieux qu' se taisaient et la regardaient avec les yeux des boucs dont parle Virgile (1) ; elle attacha à son bonnet la cocarde blanche et ne dansa plus.

Le 29 mai 1814, jour de la Pentecôte, Mlle Le Normand, absente de Paris, apprit par intuition la mort de Joséphine.

Ecoutons-la elle-même : « Je donnais le pain bénit à ma campagne. Par un phénomène incroyable, je fus prévenue à la minute de la mort de la bonne Joséphine... Je me proposais, d'après ses instances réitérées, de la visiter le lendemain. J'avoue que je suis exempte de certains préjugés vulgaires... Je crois même que notre âme, en quittant son enveloppe terrestre, ne communique plus avec les mortels ; que, reprenant sa première essence, elle se confond dans le sein de son Dieu...

(1) Transversa tuentibus hircis.

Quoi qu'il en soit, n'ayant d'autre certitude que le trouble de mon imagination, je revins à Paris de très bonne heure, et chacun répétait sur mon passage : Joséphine n'est plus ! » (1)

Arrivée en toute hâte chez l'ex-impératrice, Mlle Le Normand n'embrassa qu'un cadavre.

Afin de perpétuer le souvenir de son inaltérable amitié avec cette femme choisie entre toutes, la Sibylle publia en 1817 deux volumes des *Mémoires de Joséphine*, qu'elle augmenta en 1827 d'un volume nouveau.

Elle fit des démarches pour en déposer un exemplaire, sur peau vélin, luxueusement relié, dans le monument élevé à Rueil par la piété filiale, et où reposaient les restes de Joséphine. Conformément à l'ordonnance royale, M. Dherbes, maire de Rueil, ne le permit pas, malgré sa bonne volonté.

Cet ouvrage est dédié à Alexandre, empereur

(1) Rentrée chez elle, au sortir de l'église, elle vit un pigeon blanc se poser sur sa table, et aussitôt s'envoler par la fenêtre ouverte. Ce signe lui présagea qu'elle avait perdu sa meilleure amie,

de toutes les Russies, qui lui avait témoigné toute son estime en la consultant, lors de son séjour dans la capitale de la France.

Voici la lettre qu'elle reçut au nom de l'empereur:

« Sa Majesté impériale ayant pris connaissance de la lettre que vous lui avez adressée, me charge de vous adresser, Mademoiselle, ses remerciemens pour l'ouvrage que vous lui avez envoyé, et accepte avec plaisir la *dédicace des Mémoires historiques* de l'impératrice Joséphine, en vous offrant une bague enrichie de diamans pour souvenir. En remplissant ses ordres par la présente, je m'empresse, en même temps, de vous remercier pour l'exemplaire de vos œuvres que vous m'avez fait parvenir, et de vous offrir mon hommage.

» *Signé* : Le prince de VALKONSKI.

» 1336. Aix-la-Chapelle, le 6-18 octobre.

» A Mlle LE NORMAND. »

Louis XVIII, remonté sur le trône, eut souvenance de sa voisine prophétique du Luxem bourg. Il lui donna des audiences secrètes aux Tuileries, surtout à l'époque qui précéda et suivit l'assassinat du duc de Berry, qu'elle avait annoncé.

La triste victime de Louvel avait consulté plusieurs fois la Pythonisse, rue de Tournon; et Mlle Le Normand assurait que l'assassin, lui aussi, avait eu recours personnellement à sa science.

Depuis juillet 1830, Mlle Le Normand, moins en vogue que par le passé, et d'ailleurs riche et déjà vieille, sans dire précisément adieu à son art, prenait du repos. Elle aimait par dessus tout, pour se distraire, à faire de temps à autre le voyage d'Alençon, ville où elle était née. Il y avait là plusieurs générations qui avaient une foi traditionnelle à la Sibylle; mais, en province, elle ne montait jamais sur le trépied sacré. On eût dit qu'en quittant Paris elle s'imposait la loi de rentrer dans la vie commune. Elle redevenait une simple mortelle, une femme affable et affectueuse pour tous. Elle avait manifesté le désir de se fixer à Alençon et d'y mourir, et, à cet effet, elle y possédait plusieurs

maisons contiguës, situées sur un vaste terrain
où elle voulait faire bâtir, selon sa fantaisie, une
demeure probablement bizarre, mystérieuse,
et digne, en tout point, d'une pythonisse.

En attendant, elle y habitait une vraie ma-
sure, qu'elle avait fait élégamment orner et
meubler à l'intérieur.

Nous l'avons déjà affirmé, Mlle Le Normand
avait une croyance invincible à son art. Elle
prétendait recevoir des conseils du génie Ariel;
elle usait, pour elle-même, du marc de café et
de tout l'attirail que nécessite l'exercice de la divination. Le vendredi était pour elle le jour
d'élite où elle aimait à se faire les cartes.

Mille traits de sa vie prouvent la sincérité de
ses convictions; en voici deux seulement:

Lors de la première invasion, Mlle Le Normand avait chez elle une masse d'or et des valeurs considérables. Ne sachant à qui confier ce
précieux dépôt. elle demanda à une personne
qui lui était presque inconnue:

« — Quel animal vous inspire le plus de
terreur?

— Ce sont les souris et les rats.

— C'est la preuve d'une conscience honnête et tranquille.

— Quel animal préférez-vous?

— Le chien. »

Mlle Le Normand aussitôt rendit cette personne dépositaire de ses valeurs, persuadée qu'elles lui seraient remises très fidèlement, ce qui arriva.

Elle reçoit un jour la nouvelle que son frère, soldat, comme nous l'avons dit, était grièvement blessé. A partir de ce moment, elle interrogea sans cesse les cartes, elle se livra à tous les calculs cabalistiques pour savoir au juste l'état de sa santé. Ayant passé une dernière nuit dans ces opérations, elle se mit tout-à-coup à verser d'abondantes larmes, à se désespérer; et, à l'aurore, sa femme de chambre la trouva debout, pâle et défaite.

— « Allez me commander une robe de deuil, lui dit-elle, car mon pauvre frère est mort. »

Quarante-huit heures après, elle décachetait la lettre du décès officiel de son frère.

Mlle Le Normand est morte vierge **comme Newton**, le 25 juin 1843, à l'âge de soixante-douze ans (1). Elle a été inhumée au cimetière

(1) Elle avait prédit qu'elle vivrait *vingt-quatre lustres et près d'une olympiade.*

(*Souvenirs prophétiques*, p. 578.)

Du reste, sa mort a été causée par un accident déplorable. Depuis quelque temps, elle se plaignait de vives douleurs aux reins. Elle adjoignit à son médecin ordinaire, M. Palmier, deux célébrités médicales du jour, MM. Andral et Amussat, qui la crurent atteinte d'une maladie de vessie. La cruelle opération de la sonde fut jugée nécessaire; M. Amussat la pratiqua, et blessa la malade assez grièvement pour que la gangrène se déclarât immédiatement. Ceci se passait le 23 juin, journée de chaleur tropicale; quarante-huit heures après, Mlle Le Normand n'était plus.

Nous tenons ce fait, ainsi que la plupart de ceux qui vont suivre, de M. Hugo, neveu de Mlle Le

du Père Lachaise. Des illustrations de tout genre, dans les lettres, les arts, les sciences et la politique, assistaient à son convoi, et surtout au service funèbre qui a été célébré dans l'église de Saint-Jacques du Haut-Pas. On remarquait le ministre des affaires étrangères, M. Guizot, dans la foule (1).

Pendant plus de cinquante ans, Mlle Le Normand a été consultée par des têtes couronnées, par des princes, des ambassadeurs, et par les sommités de toutes sortes de France et d'Europe. Son énorme correspondance (2), habile-

Normand, jeune officier du 11e de ligne, plein de cordialité et d'avenir, qui a bien voulu nous donner sur son illustre tante une foule de renseignemens curieux et inédits du plus haut intérêt historique et même national.

(1) M. Guizot connaissait beaucoup Mlle Le Normand, qui lui avait rendu de grands services dans ses jours d'obscurité, et lorsqu'il faisait la cour à Mlle de Meulan, pauvre comme lui, et qui depuis devint sa femme.

(2) La partie la plus importante est sous les scel-

ment dépouillée, formera les Mémoires les plus
intéressans de ce siècle.

Outre les noms que nous avons cités, Mlle Le
Normand a été en rapport direct avec Marie-
Antoinette (1), la duchesse d'Angoulême (2),

lés et entre les mains de M. Froger Deschênes, ancien notaire, son exécuteur testamentaire, rue Richelieu, 47. Le neveu de Mlle Le Normand, M. Hugo,
conserve le reste avec un religieux respect.

(1) Mlle Le Normand était convaincue, comme
nous le sommes, que le dauphin existe, et qu'il avait
été enlevé du Temple dans une voiture de blanchis-
seuse. Le procès si brusquement interrompu du duc
de Normandie, son exil précipité, les deux tentatives d'assassinat sur sa personne, l'une à Paris, et
l'autre à Londres, et l'ouvrage de M. Bourbon-le-
Blanc, un de nos amis, avocat du duc de Normandie, jettent un jour lumineux sur cette ténébreuse affaire.

(2) Mlle Le Normand possédait dans son salon une
magnifique apothéose de Louis XVI, donnée par la
duchesse d'Angoulême.

Talleyrand (1), M. et Mme Bernadotte (2), la
princesse Adélaïde (3), Talma et Mlle Raucourt (4); avec le général Moreau, Denon, le

(1) M. de Talleyrand lui fit de fréquentes visites
sous la République et le Directoire, et même il épousa
Mme Grand par son entremise et ses sollicitations.
Nous avons sous les yeux une lettre de ce diplomate,
écrite de sa main, et qui commence ainsi : « Illustre Sibylle, tu ne me prédiras donc que des malheurs!.. »

(2) Mme Bernadotte a été hébergée par Mlle Le
Normand, lorsque son mari n'était encore qu'adju-
dant-major à la 53e demi-brigade. Elle avait annoncé à Bernadotte qu'il deviendrait roi de Suède.
Celui-ci lui promit, par une lettre dont M. Hugo est
en possession, qu'il la comblerait d'honneurs et lui
accorderait 10,000 fr. de rente, si sa prophétie se
réalisait. Charles XIV a manqué à sa promesse, mais
la reine de Suède s'est souvenue des bienfaits de
Mlle Le Normand.

(3) Mme Adélaïde, sœur du roi des Français, a eu
plusieurs conférences secrètes avec Mlle Le Normand,
rue de Tournon, au sujet d'affaires graves de famille.

(4) Mlle Raucourt la voyait souvent. La Sibylle lui

peintre David, avec les deux journalistes Hoff-
man et Geoffroy, le roi de Prusse Frédéric-
Guillaume III (1), le prince Kourakin, ministre
plénipotentiaire de l'empereur de Russie (2), Ma-

avait prédit que *la fin de sa brillante carrière
ferait du bruit dans le monde*. On sait que les
honneurs de la sépulture ecclésiastique furent refusés
à cette grande actrice.

(1) Tous les rois du congrès d'Aix-la-Chapelle
voulurent voir la Sibylle et lui laissèrent des souvenirs. Le roi de Prusse se déguisa en paysan pour
prendre une consultation.

« Je suis, Mademoiselle, lui dit-il plaisamment,
un paysan sans souci.

— Sans doute, Sire, répliqua Mlle Le Normand,
car le domaine de *Sans-Souci* est à vous.

Tous savent par cœur l'anecdote historique du
Meûnier Sans-Souci, dont M. Andrieux a fait un
apologue qui est un chef-d'œuvre.

(2) A Bruxelles, le prince Kourakin eut la fantaisie de consulter Mlle Le Normand.

Vous serez, Monsieur, dévalisé par des voleurs

ria Stella (1), avec les membres vivans de la.

dans le prochain voyage que vous méditez ; ils vous épargneront la vie ; plus tard, on vous pendra, et vous parviendrez ensuite aux plus hautes dignités.

— Comment ! Sibylle, je serai volé, pendu, et puis... le prince éclata de rire.

— J'ai dit, Monsieur, » répartit Mlle Le Normand, blessée dans son amour-propre.

Le prince partit la nuit même pour la Russie. A quelques lieues de Bruxelles, des voleurs armés détellent les chevaux de la voiture, s'emparent de son or, de ses effets, et lui accordent la vie sauve.

En arrivant à Saint-Pétersbourg, il se trouve jeté au milieu d'une sédition militaire. On le pend ; il va périr ; mais, par bonheur, la sédition est vite comprimée ; on coupe la corde assez à temps ; il échappe à la mort et devient un des favoris de l'empereur. Le prince Kourakin vit encore.

(1) Maria Stella, dont le berceau est voilé d'une ombre épaisse pour le public, a consulté à diverses reprises Mlle Le Normand sur son avenir. Il lui fut répondu qu'on la ferait riche pour obtenir son silence. C'est ce qui a eu lieu.

famille de l'empereur et la plupart des notabi-
lités du jour (1).

Jusqu'à son dernier soupir, Mlle Le Normand
a plaint et aimé les Bourbons de la branche
aînée. Elle en parlait sans cesse avec enthousiasme, sans toutefois atténuer leurs fautes per-
sonnelles ni celles de leurs courtisans.

(1) Mme E*** de G***, un de nos auteurs en
cornette les plus spirituels, et une des plus belles
et des plus charmantes femmes de Paris, consulta
Mlle Le Normand sur les résultats d'une fameuse
association industrielle entre son mari et le sieur
B***.

« Cette association tournera à mal, répondit
Mlle Le Normand; votre mari est trompé; on abuse
de son talent et de son influence; et elle lui prédit
dans les moindres détails ce qui arriva.

» — Ah! Mademoiselle, lui écrivait, après le dénouement fatal de cette affaire, Mme E*** de G***,
vous m'avez tout annoncé jour par jour, heure par
heure! »

Mlle Le Normand professait beaucoup d'estime
pour M. E*** de G***.

N'est-il pas évident, après tout, que des haines

Quant à ses prophéties explicites sur la dynastie régnante ou sur la dynastie tombée, si elle en a fait, ses Mémoires posthumes nous les revèleront.

Voici ce que nous connaissons aujourd'hui de sa correspondance, soigneusement serrée et mise en ordre par elle.

aveugles s'acharnent sur cet homme politique, un des plus savans polémistes de ce temps-ci?

Nous disons cela, en passant, au profit de la vérité, car nous n'avons jamais vu même M. E*** de G***, qui ne nous connaît pas.

En 1833, Mlle Le Normand adressa au roi des Français, Louis-Philippe, une chaleureuse pétition en faveur de la duchesse de Berry, prisonnière au château de Blaye. Nous avons devant nous le double de cette pétition inédite, écrite en entier de la main de la Sibylle, et qui nous a été momentanément confiée par son neveu (*).

(*. Nous en donnons un fac-simile exact à la fin de cette Biographie, ainsi que le fac-simile d'une précieuse lettre de l'impératrice Joséphine, envoyée en 1809, le 16 novembre, à Mlle Le Normand, qui a cru devoir y ajouter quelques lignes explicatives.

Mlle Le Normand a plusieurs milliers d'autographes, parmi lesquels une liasse de lettres de Saint-Just, de Robespierre et des principaux révolutionnaires.

En 1835, une vieille femme à joues creuses, aux traits hâves et parcheminés, presque en haillons, et dans la misère la plus profonde, eut recours à elle et la visita. C'était la veuve d'un homme de sang, de Fouquier-Tinville. Mlle Le Normand la secourut, et lui acheta trois cents francs une masse jaunâtre de papiers contenant des listes de proscription, des projets de rapports des membres du gouvernement républicain, des séances secrètes des comités de la Convention, des arrêtés et des décrets de ce temps. Ces papiers sont sous les scellés.

Dans son intérieur, Mlle Le Normand était douce et d'une grande simplicité. Sa mémoire, si riche de faits, rendait sa conversation captivante et d'un intérêt puissant.

Depuis longues années, elle avait pour sécrétaire M. Tribout, que son neveu doublait quand il venait auprès d'elle en congé de semestre.

Ses domestiques, envers lesquels elle était excellente, l'affectionnaient beaucoup. M. F**, ancien garçon boulanger, était à son service depuis 52 ans. C'est lui qui recevait les consultans. Elle lui a légué par son testament 700 fr. de rente, ainsi qu'à sa femme de chambre, qui lui avait fait don d'un chien carlin et d'un superbe chat, avec lesquels elle aimait à jouer (1).

Quand on allait en consultation chez Mlle Le Normand, M. F**, le vieux domestique dont je viens de vous parler, vous introduisait dans une antichambre, et là vous attendiez votre tour, car ordinairement la foule des visiteurs était nombreuse. Vous entriez dans le salon au fond de la cour, ou dans celui, plus petit, qui avait vue sur la rue de Tournon. Les murs du premier étaient tapissés de tableaux dont quelques-uns avaient du prix. Outre ceux de la *Famille exilée,* au grand complet, richement encadrés, il y avait deux *Fumeurs de pipe,* de Rembrandt, un *Greuze,* deux *Mignard,* et une belle copie

(1) M. F** avait vu Mlle Le Normand dans la détresse, et l'avait aidée. Elle a reconnu ce service et a récompensé M. F** au centuple.

de la *Vache* de Van-Dick. M. Hugo vient de les vendre.

Pour arriver au salon de la rue, meublé en érable (1), orné d'un portrait en pied de la Sibylle, exposé au Louvre en 1825, vous traversiez une chambre où s'étalait la bibliothèque de Mlle Le Normand, composée d'abord de ses œuvres volumineuses, puis des maîtres de la science hermétique.

Dans ses audiences, la Sibylle laissait de côté le fantastique des habillemens, les caractères arabes ou cabalistiques; elle portait une toque, comme réminiscence des anciennes modes, une robe de soie garnie de fourrures en hiver, et de dentelles en été. Elle avait plutôt l'air d'une femme du monde, aimable et bonne, que d'une prophétesse sévère et entourée de mystères.

(1) Pour encourager l'industrie indigène, la duchesse de Berry avait commandé un ameublement en érable, vers 1828. La duchesse ne l'ayant point acheté, Mlle Le Normand l'obtint au prix de 2,800 fr. C'était l'ameublement du salon en question.

— Que voulez-vous ? demandait-elle au consultant, et quand le but de la visite était précisé, on s'asseyait, et elle examinait votre main gauche, puis elle mêlait les cartes avec une extrême rapidité ; vous coupiez, toujours de la main gauche; elle les mêlait de nouveau, et après vous avoir adressé certaines questions préalables que nous avons déjà mentionnées, elle vous répondait, d'après la combinaison de ses cartes, avec une volubilité surprenante, et toujours dans ce flot de paroles qui pleuvait autour de vous, et qui se rapportait aux actes de votre vie, vous trouviez des traits frappans de vérité; elle dévoilait votre for intérieur et le mettait à nu; on eût dit qu'elle avait vécu côte-à-côte avec vous, sans jamais vous avoir quitté un instant; elle vous regardait cependant à peine : sa grande expérience des physionomies humaines la faisait plonger en vous d'un simple coup-d'œil; Elle voyait votre âme et votre pensée la plus intime à travers la prison de chair de votre corps, et vous vous en retourniez ému d'un tel pouvoir, remuant les cendres de votre passé, et s'en servant comme de base pour vous prédire un avenir qui rarement faisait défaut.

La maison de la Sibylle, sans apparence au dehors, était vaste et comportait quatorze appartemens de plein pied ; elle occupait à la fois le rez-de-chaussée et le premier.

On lisait au-dessus de la porte cochère de la rue de Tournon, n° 5, sur une enseigne, cette modeste inscription :

Mlle LE NORMAND , LIBRAIRE.

Les principaux ouvrages qu'elle a successivement publiés, sont :

I. *Souvenirs prophétiques d'une Sibylle* sur les causes secrètes de son arrestation du 11 décembre 1809. 1 vol. in-8°.

II. *Mémoires historiques et secrets de l'impératrice Joséphine*, 1820, 1re édition, 2 vol. in-8° ; 2e édition, 1827, 3 vol. in-8°.

III. *Anniversaire de la mort de l'impératrice Joséphine*, in-8°, 1815.

IV. *La Sibylle au tombeau de Louis XVI*, in-8°, 1816.

V. *Les Oracles sibyllins*, 1 vol. in-8°, 1817,

VI. *La Sibylle au congrès d'Aix-la-Chapelle*, in-8°, 1819.

Elle publia aussi, en 1822, un opuscule intitulé : *Souvenirs de la Belgique ; Cent jours d'infortune*, ou *le Procès mémorable*, à l'occasion d'un procès qu'elle eut à soutenir, comme s'étant adjugé un pouvoir et un crédit imaginaires en prophétisant l'avenir. Condamnée d'abord à un an d'emprisonnement, elle fut acquittée en appel et applaudie à outrance.

Nous avons aussi d'elle plusieurs pièces de théâtre, et particulièrement une comédie en un acte et en prose, sur sa détention de 1803.

La représentation de cette pièce, qui porte le titre de *Madame Vérité*, ou *la Sibylle en prison*, fut interdite en raison des prophéties du dénouement.

Joséphine avait fait don à Mlle Le Normand de son portrait en miniature, six mois avant son divorce avec Napoléon.

L'impératrice y porte une robe de velours bleu de roi, brodée, à collerette droite, laissant la poitrine à découvert au milieu ; sa tête est

couverte d'une toque de même nuance que la
robe, et surmontée d'une plume blanche.

Il est faux, comme l'ont dit les journaux, que
ce portrait, que nous avons vu il y a quelques
heures, ait été acheté par un Anglais. M. Hugo
a l'âme trop française pour le céder à nos voi-
sins d'outre-Manche; il le conserve avec religion. Nous savons seulement que le prince
Louis Bonaparte vient de faire des démarches
pour le posséder.

L'impératrice Joséphine avait aussi donné à
Mlle Le Normand, outre une bague enrichie d'un
rubis, une admirable coupe en vermeil.

Ces trois souvenirs inappréciables sont restés
entre les mains de M. Hugo, qui ne veut s'en
défaire à aucun prix.

Telle a été la vie merveilleuse de cette femme
fastique, nommée Marie-Anne Le Normand.

FIN DE LA BIOGRAPHIE.

Sire

Je Dépose sous les yeux de votre majesté,
Ce Nouvel ouvrage, mélange de fictions gracieuses ou terribles,
L'amour de ma patrie est ma divinité! aussi dans le délire
de mon imagination, j'ose en appeler à César, de la
Justice de César! j'ai la courageuse hardiesse de
venir dire au Roi des Français: Sire la Famille
de Darius est exilée, la fille du Grand Henri!
est captive d'un Magnanime adversaire? Il manquait
encore à la bizarrerie de l'Etoile de Celle que
renferme la Citadelle de Blaye, un vague mystérieux
et comme l'empreinte anticipée de l'apparition d'un
Nouvel Alexandre....... Louis-Philippe 1er c'est
au Coeur d'un Bourbon que Je viens frapper,
et Sans frémir... Je réclame la puissance des Souvenirs
La Nièce de la Reine Amélie est au pouvoir des
Sicambres? le noble Sang de Madame la Duchesse
de Berry, coule dans les veines de vos Fils, dans
                                                    Celles

Celles de leur mère, Louis Philippe, Ce Noble Sang mérite notre estime.... on ose l'exposer au plus mortel affront........

Mes observations paraîtront sévères aux heureux du pouvoir, de même mes conseils seront jugés indiscrets, téméraires.. Sire, ne redoutez jamais d'entendre les accens de la vérité, c'est la Déesse auquel je Sacrifie, et non au langage officieux des Cours!.. Daignez m'écouter avec intérêt, Daignez m'écouter Avec Calme : (mon Sexe venge l'honneur d'une maison Princière,) par Son admiration pour d'augustes infortunes ? Aussi remarquerez vous dans le langage des Dieux, que la licence poëtique est permise, quand il S'agit d'éclairer les mortels. un Souverain enivré de Sa puissance, aveuglé par l'adulation ne Saurait me Comprendre.. l'illustre Fils de la Vertueuse Duchesse d'Orléans entendra le cri de la France ? proclamera Solennellement: Qu'on n'insulte pas impunement à la

Majesté

Majesté des trônes, que Caroline de Berry, descendante de Louis XIV, sera vengée d'une telle ignominie....

Sire, la nièce de votre auguste Compagne, celle de vos Filles, ne doit pas même être Soupçonnée !!!!!

Cette grande figure Historique de Blaye, apparaît aux yeux des Femmes sensibles, la tête ceinte d'une Auréole de Gloire ! ici ma parole est ferme, précise : Le rôle de la faiblesse, de l'impuissance de l'Ambition, ne saurait Convenir au Noble Fils de Henri IV. Louis-Philippe : on ose vous accuser publiquement, de river les fers d'une Royale Captive ! on ose déverser la Calomnie sur les Bourbons, et vous êtes un Bourbon ! Je crains que votre Majesté ne reconnaisse trop tard (Si elle n'enchaine le zèle d'adorateurs Serviles.) les difficultés qu'elle aurait à vaincre : Qu'elle eut pu s'éviter... Sire : Dans les murs de Blaye daignez - entrer en Roi. Je Suis avec respect.

Sire,
de votre majesté,

17 mars, 1833.

La très humble et très
obéissante Servante.
Le Normand

LA CHIROMANCIE. *

—

N distingue deux sortes de chiromancie: la chiromancie physique qui, par la seule inspection de la main, révèle le caractère et la destinée des hommes, et la chiromancie astrologique, qui recherche les influences planétaires sur les lignes de la main, et par le calcul de ces influences détermine le caractère et prédit l'avenir.

* Nous nous proposons de publier ultérieurement un *Traité complet de Chiromancie ancienne et moderne*, dont nous ne donnons ici qu'un abrégé succinct.

La main se divise en quatre parties, haute et basse, supérieure et inférieure. La haute se prend à l'extrémité des doigts; la basse, à la razette ou restreinte *; la supérieure est vers la percussion ou le mont de la main. L'inférieure se subdivise en trois parties : en jointure avec le bras; elle est courte et composée de peu de lignes; en paume de la main, renfermant tout l'espace compris entre la jointure de la main avec le bras et les racines des doigts; elle contient particulièrement les lignes, les monts, les étoiles, les croix et les triangles; enfin, en doigts seulement, qui comportent chacun trois jointures, à l'exception du pouce, qui n'en a que deux (celles qui tiennent à la paume de la main, aux racines des doigts, sont les premières jointures.)

Les cinq doigts s'appellent le pouce, l'index, le médius ou doigt du milieu, l'annulaire et l'auriculaire ou petit doigt. La main est ouverte ou fermée ; de là, la paume ou le poing, et de plus, les doigts, les ongles et le poil.

* La *razette* ou *restreinte* est l'espace existant entre la ligne qui commence la main et celle qui va à l'extrémité du bras.

La paume de la main est divisée en sept parties, sur chacune desquelles domine une des sept planètes , selon leur application spéciale.

Vénus préside à l'élévation du mont situé sous le pouce ; Jupiter au mont de l'index ; Saturne au mont du médius ; le Soleil, à celui de l'annulaire ; Mercure, à celui de l'auriculaire ; Mars, au triangle ou plaine de Mars , et la Lune, au mont de la main *.

Pour la chiromancie, on se sert habituellement de la main gauche, comme étant plus fraîche et moins fatiguée, et parce que la droite a des lignes irrégulières et déformées par le travail ou par des accidens **.

_____

* Mlle Le Normand. — Notes. — *Souvenirs prophétiques.* Passim.

(*Voir le dessin de la main de l'impératrice Joséphine.*)

** Aristote et Auguste avaient foi dans la chiromancie. Job et Salomon l'ont accréditée dans la Bible, comme une science positive.

De la main en général.

Pour être bien faite, la main doit être assez longue, proportionnée en elle-même et relativement au reste du corps. Une main trop courte, par rapport aux autres parties du corps, suppose de la finesse, de la subtilité, du babil et de la gourmandise. Une main trop longue, vol, tyrannie, malice.

La paume de la main, courte, grosse et charnue, annonce une nature froide et humide.

Courte et les doigts longs et déliés : nature sèche et froide.

Molle et humide : nature lâche et vicieuse.

Longue, avec des doigts gros et courts : paresse, négligence et sottise.

Longue, avec doigts proportionnés à leur longueur : esprit et adresse.

Courte ou longue, avec doigts gros et courts : complexion flegmatique.

Les couches des femmes qui ont la paume de la main courte, sont d'ordinaire très laborieuses.

Si, le corps étant droit, la main avec le bras approche des genoux : force d'esprit, merveilleuse industrie; si elle ne peut parvenir au milieu des cuisses : ignorance, malveillance et envie.

Des doigts.

Doigts également proportionnés et de longueur moyenne : docilité et austérité de vie.

— Petits et déliés : signe de sottise, d'audace et de cruauté.

— Longs et déliés : inclination au vol, fourberie.

— Pointus et aigus : légèreté d'esprit et vanité.

— Mal unis et à distance : babil et inconstance.

— Droits et unis : curiosité.

— Mousses et camards : larcin.

— Ramassés, épais et crochus : signe d'avarice.

Des ongles.

— Ongles larges, longs, déliés, blancs, luisans et vermeils : très bon esprit.

— Un peu plus longs et étroits : esprit stable et ferme.

— Réfléchis ou courbés : imprudence, méchanceté, rapine.

— Très courts : malveillance, esprit de discorde, brouille.

— Forts longs : chaleur et sécheresse excessives, avec toutes leurs conditions.

— Courts et petits : tempérament humide et froid.

— Courbés dans leurs extrémités : tempérament sanguin et colérique, mêlé de beaucoup de sécheresse.

— Courts et larges : complexion mélancolique.

— Longs, recourbés et en bourrelet à l'extrémité : phthisie.

Les signes qui se trouvent sur les ongles sont blancs ou noirs, heureux ou malheureux.

Signes blancs :

A l'index, honneurs et dignités.

Au médius, agriculture et sobriété.

A l'annulaire, grandeur.

A l'auriculaire, habileté dans les arts mécaniques : l'influence de ces signes dépend toujours de la nature de la planète qui prédomine sur ce doigt.

Les points noirs supposent la prison.

Au bout des ongles, ils marquent le passé ; au milieu, le présent; dans la racine, l'avenir.

— La présence du poil en petite quantité, près le pouce, dans la première jointure des doigts, est le signe d'une bonne nature et d'une complexion robuste.

Le poil trop dru suppose légèreté d'esprit, et s'il est sans ordre, dérèglement de mœurs.

Poil seulement à l'auriculaire : esprit.

En petite quantité partout : esprit bas et efféminé.

Des lignes.

La ligne de vie est la plus importante de toutes ; elle commence au bout de la main, entre l'index et le pouce, et s'étend jusqu'au milieu de la jointure, séparant la main du bras.

Longue, continue, droite et colorée, elle signifie une vie longue, exempte d'infirmités.

Courte et large, elle suppose un tempérament froid et humide, et brièveté de vie.

Courte et coupée de petites lignes : souffrances physiques et imbécillité d'esprit.

Courte, avec des lignes parallèles à son extrémité : mort subite.

Longue et déliée : infidélité, inconstance.

Déliée et peu étendue : jugement solide, esprit loyal.

Grosse : elle marque un homme guerrier, homicide.

Grosse et rouge : un homme inconstant et lascif.

Grosse vers la ligne naturelle : libéralité.

Large et longue : brutalité.

Large vers la razette : procès, inimitiés.

Inclinée vers le mont de Vénus : péril de la vie.

Tortue : méchanceté, astuce.

Rompue, et confinant à une autre ligne en forme de croix : infirmité mortelle.

Ligne de vie avec des points : trahison, impudicité.

Avec des points pâles : envie, bavardage, fatuité.

Avec des points rouges : mélancolie.

Avec des points profonds : mort violente.

Avec quelques points épars : libertinage, querelle jusqu'à effusion de sang.

Si les fosses de cette ligne sont calleuses: propension au meurtre.

Si elles sont blanches : battement de cœur, afflictions profondes.

Si la ligne de vie est fourchue vers le mont de Jupiter : richesses.

Vers l'angle suprême : impertinence et versatilité.

Fourchue dans son extrémité : vagabondage et indigence.

Si elle a dans son milieu des rameaux droits du côté du mont de Vénus : persécution, danger de mort.

S'ils descendent vers le mont de Vénus : perte de biens.

S'ils descendent des deux côtés à son extrémité : mort en exil.

Si elle est unie à la ligne naturelle vers l'angle suprême : poison, sortilége, morsure par un animal dangereux.

Si d'elle s'élance une ligne droite sur le mont de Saturne, coupant les lignes naturelle et mensale : mort violente par le bourreau pour ses propres crimes.

Si d'elle s'élance une ligne vers le mont du Soleil : dignités près des grands par l'entremise des femmes.

S'il se trouve une petite croix à l'extrémité de la ligne de vie : fin heureuse, vie opulente.

S'il se trouve des étoiles : bonheur et grandeur.

Si l'étoile est placée entre la ligne de vie et
la ligne naturelle : science et célébrité dans les
lettres.

Si un cercle y est tracé : perte d'un œil, et des
deux yeux, si le cercle est double.

S'il n'y a qu'un demi-cercle : homicide et peines de cœur.

La ligne naturelle.

Elle commence directement au-dessous du
milieu du mont de Jupiter, et elle y forme l'angle suprême en raison de sa conjonction avec la
ligne de vie. Si l'angle suprême est bien dessiné,
elle dénote fidélité, générosité, esprit ; s'il est
mal dessiné, elle annonce insouciance, mau-
vaises passions, défaut de cœur.

Si les deux lignes sont unies par des rameaux,
c'est un signe d'égalité entre le cœur et le cerveau ; si les rameaux sont coupés, c'est un signe de malice.

Si elle est traversée par des lignes en forme de petites étoiles : succession héréditaire du côté des femmes.

Si la ligne naturelle est distincte, droite et sans coupure : santé parfaite, excellente mémoire, vivacité d'esprit, bonne conscience.

Longue et étendue jusqu'au mont de la main : gaîté, force, hardiesse.

Traversant toute la paume de la main : infortune, folie, catarrhe.

Étendue jusqu'à la razette : avarice et méchanceté.

Courte dans chaque main, et coupée : brièveté de vie.

Grosse : folie.

Grosse, large et rouge : stupidité, épilepsie.

Large à l'extrémité : débilité de cerveau.

Profonde et sans rameaux : mort frénétique ou lunatique.

Irrégulièrement rouge : maladie de poumon.

Livide : apoplexie.

Inclinée au commencement vers la ligne mensale, sans union avec la ligne de vie : orgueil et prodigalité.

Tortue : méchanceté et bannissement.

Tortue de côté et d'autre, vol et mensonge.

Unie à la ligne mensale : mort subite dans la jeunesse. Si la sœur de la ligne naturelle n'est pas visible : maladies vénériennes.

Si la ligne naturelle discontinue : chutes, blessures aux cuisses, plaies à la tête.

Si sur cette ligne se creuse une fosse : larcin ; s'il y en a plusieurs : meurtres, même de ses parens.

Si elle est fourchue à son extrémité : hypocrisie.

Si elle est remplie de rameaux à son extrémité : vie impudique et très vicieuse.

Si des lignes noires, coupant la mensale, s'élèvent de la ligne naturelle, elles supposent autant d'accouchemens.

Si une ligne descend de la partie supérieure de la main, coupant la ligne naturelle : péril de l'échafaud.

Si une croix est tracée à son commencement :
perte de biens.

Chaque cercle pâle qui se trouve dans la ligne naturelle marque autant d'homicides commis ; chaque cercle rouge, autant d'homicides
qui doivent se commettre.

Si elle s'unit à la ligne mensale sous le doigt
du milieu : mort par un flux de sang.

Ligne du foie.

La ligne du foie doit être unie avec celle de
vie à l'angle droit ; avec la ligne naturelle, à
l'angle gauche ; et, plus qu'elle, elle doit être
droite et continue ; alors elle indique une bonne
digestion, une forte complexion ; si elle est entrecoupée, interrompue et séparée des lignes
vitale et naturelle, elle annonce un mauvais estomac, une complexion dépravée.

Remarquons ici que toutes les maladies du
cœur, du poumon et du diaphragme, sont mar-
quées par la ligne de vie ; celles de la tête et du
cerveau, par la ligne naturelle ; celles du foie et

de l'estomac, par la ligne du foie ou hépatique *.

Si la ligne du foie ne se trouve pas dans la main, c'est un signe de paresse et un défaut de vertu génératrice et digestive.

Longue, profonde, large, colorée et continue, elle signifie force d'estomac, joie, hardiesse et longue vie.

Se terminant à la naturelle : piété, modestie.

Si elle dépasse la concavité : grossièreté et rudesse d'esprit.

Si elle s'étend vers la percussion : péril sur l'eau, esclavage, captivité.

Si elle s'élève de la razette jusqu'au mont de Jupiter : grands honneurs et belles ambassades.

Si elle est plus rouge vers la ligne de vie qu'ailleurs : douleurs de tête, palpitations de cœur.

Si elle est déliée et rouge dans le milieu : fièvres.

* Nous expliquerons ceci avec développement dans notre livre de la Chiromancie.

.. elle est rouge en touchant la naturelle : dis-
.osition à l'éthisie.

.'ortue : fourberie et larcin.

Tortue et pâle : maladie imminente.

Fourchue vers la ligne naturelle : faiblesse
d'estomac et mort violente.

Si elle a beaucoup de rameaux à son extrémité : opilation du foie et hydropisie.

Les lignes du foie, naturelle et saturnine, formant un petit triangle vers la concavité : curiosité et aptitude aux sciences divinatrices.

Ligne mensale.

Elle doit être droite, entière, continue, profonde, apparente jusqu'en face du mont de Saturne, et un peu courbée vers l'index : alors
elle est le signe d'un tempérament de fer, d'une
grande puissance de génération et d'une parfaite égalité d'esprit ; sinon, elle marque la faiblesse du corps et de l'intelligence.

Composée de rameaux, elle dénote la finesse,
la ruse ; si les rameaux s'étendent vers les

doigts, c'est signe de méchanceté et de fourberie.

Si elle a une fossette, elle suppose des vices infames ; si elle est coupée par quelques lignes en arc, elle marque la stérilité.

Quand elle n'existe pas dans la main, elle annonce une personne perverse qui périra misérablement.

Si elle surgit droite vers le mont de Jupiter : richesses et bonté.

Entrant crochue dans l'index : colère et fureur.

Sans rameaux à l'extrémité : triste mort.

Se terminant entre l'index et le doigt du milieu : acquisitions de biens sans travail ; pour une femme, grande difficulté dans l'œuvre de Lucine.

Discontinuée : ennemis et persécutions.

Déliée et se terminant au mont de Jupiter : supériorité d'administration.

Plus rouge que les autres lignes : douleur d'intestins.

Rouge et disproportionnée : blessures à la tête, et glandes.

Pâle et déliée : chasteté, mais faiblesse de corps et maladies.

Un peu tortue vers le triangle : justice.

Formant une sorte de chaîne : mort dans un pays étranger.

Remplie de gros points rouges et sans ordre : goutte aux pieds et aux mains, impudicité.

Semée de fosses blanches ou noires sous le mont de Mercure : douleurs aux reins, incontinence, plaisirs impurs et anti-naturels ; pour la femme, douleurs de matrice.

Au commencement de cette ligne, fosse blanche et longue : inceste.

Fourchue entre les doigts du milieu et l'index, vers les monts de Jupiter et de Saturne : vie laborieuse.

Fourchue vers le mont de Jupiter : esprit caché et souffrant.

Coupée en commençant par une ligne de travers : mort violente et imprévue.

Coupée par plusieurs petites lignes : sottise, inconstance, querelles.

S'il monte des lignes droites de la percussion et qui approchent de la mensale, elles signifient qu'on aura autant de filles.

Deux croix sur cette ligne : dignités ecclésiastiques.

Un cercle : dignité royale.

La razette ou *la restreinte.*

La razette ou la restreinte est cet espace compris entre deux lignes dont l'une commence la main et l'autre termine le bras.

Cet espace, entrecoupé de lignes et bien coloré, marque une forte complexion et une influence bénigne de la part des planètes de la Lune et de Mars ; si les lignes sont absentes, il marque le contraire.

Si cette ligne, divisant la main d'avec le bras, est continue et profonde, elle annonce une vie heureuse et opulente ; si on y trouve des croix et des étoiles, elle signifie abondance de biens ; si elle est attachée comme par de petits chaînons : vie triste et laborieuse.

Si le bras est coupé par quatre lignes de travers, continues, entières et colorées, elles marquent quatre-vingts ans d'existence fortunée et de richesses par successions héréditaires.

Si la première de ces lignes, approchant de la main, est grosse, la seconde déliée, la troisième grosse, et la quatrième déliée, elles annoncent, dans le premier âge, force et dignités ; dans le second, diminution de l'une et des autres ; dans le troisième, augmentation ; dans le quatrième, diminution : chaque ligne pronostique vingt ans de vie.

Si la razette est courte et entrecoupée, elle signifie malheur et pauvreté.

Si la razette a deux lignes : changement de demeure et servitude.

Si de la razette des lignes se dirigent au mont de la main : infortune, naufrage et voyages en pays lointains.

Si les deux lignes sont tortues : prison pour dettes.

Si elle a plusieurs croix et étoiles : scandale et perte d'honneur par les femmes.

Plusieurs croix seulement : chasteté dans une femme.

Un point dans le centre des croix ou étoiles : mort subite.

Ligne Saturnine ou *de bonheur.*

La ligne Saturnine s'étend de la razette au doigt du milieu.

Si elle commence vers l'angle droit : bonheur.

Si des lignes se réunissent à son extrémité : grande disgrace après grande prospérité.

Si ces lignes sont tortues : maladies.

Si elle va de la razette à la concavité de la main : vivacité d'esprit, invention.

Si elle se termine à la ligne naturelle : esprit supérieur, vertu, longévité.

Si elle s'élève du mont de la Lune : biens.

Si elle monte vers la racine du doigt du milieu : prison.

Si elle est discontinuée dans la concavité malheur, blessures aux jambes.

S'il y a une fosse blanche : inceste.

Si elle est fourchue : goût pour l'agriculture.

Fourchue sur le mont de Saturne, maladies graves et syphilitiques.

Si elle s'étend vers le doigt du milieu, où s'accumulent d'autres lignes : avarice, cruauté, misère, gourmandise.

Ligne solaire.

Elle est placée sur le mont du Soleil ; elle part ou de la concavité de la main, ou de la ligne naturelle, ou du quadrangle, ou de la mensale.

Si elle manque, absence d'honneurs et de dignités.

Si elle commence à la vitale : vie heureuse et brillante.

A la concavité : faveur auprès des princes et prélats.

A la ligne naturelle : faveurs moindres.

Si elle commence entre la naturelle et la mensale : amitié sans profit.

Inclinée vers l'auriculaire : bonheur, industrie, science et vertu.

Remplie de rameaux : adversité.

Coupée : disgrace, inaptitude aux travaux d'esprit.

Tortue : incapacité radicale.

Marquée d'une croix au commencement : opposition à la fortune.

S'il se trouve un petit cercle au milieu : cécité.

Du triangle.

Le triangle de la main est formé des lignes vitale et naturelle, et de la ligne du foie.

S'il est étroit : avarice ; large, libéralité.

Il marque presque toujours les contentions, les combats et les guerres.

Manquant dans une main de femme, vie courte et enfantement douloureux.

S'il est séparé aux trois angles : folie naturelle.

Ridé et mou : complexion flegmatique.

Pâle : fourberie et colère.

Rouge : médisance et envie.

S'il a des croix : mort violente.

Une étoile : impureté, héritage par succession.

Un demi-cercle : fureur, brutalité.

Un quadrangle dans le triangle : signifie un persécuteur de sa famille.

De l'angle suprême.

Il est formé par le commencement de la ligne de vie et de la ligne naturelle.

Large : esprit, fidélité.

Etroit : timidité, froideur, dol.

Petit : grossièreté, avarice, ruse.

Droit : élévation aux honneurs.

Obtus : insouciance et stupidité.

Désuni et séparé : mort par les animaux.

Coupé : mort par poison ou submersion.

Avec une croix : persécutions.

Avec une étoile : héritage par les femmes.

Du quadrangle.

Le quadrangle est l'espace existant entre la ligne naturelle et la ligne mensale ; il est comme la table de la main. Les signes qu'il renferme sont d'une importance majeure qui s'étend à toutes les opérations du corps et de l'intelligence.

Large et étendu dans son milieu : loyauté et fidélité.

Etroit et resserré : fourberie et vol.

Ridé et coupé de lignes : faiblesse de cerveau.

Imparfait : sécheresse et froideur de complexion.

Petit : méchanceté.

Droit : procès.

Sans lignes : folie et légèreté.

Avec des croix : honneurs et biens.

Avec des étoiles : justice et richesses.

Avec un demi-cercle : haine secrète et peut-être mortelle.

Avec des lignes qui en sortent : humeurs colériques, flux de sang.

Des monts de la main.

Le *mont de Vénus*, avec le pouce, est entièrement dédié et soumis à Vénus. Il part de la racine du pouce et s'étend jusqu'à la ligne de vie.

Ni abaissé, ni élevé, rond et doux : amour des femmes, des ajustemens, volupté.

S'il est éminent : musique et harmonie.

Abaissé : rêveries et amours cachées.

S'il a une petite ligne parallèle à celle de vie : entraînement irrésistible aux plaisirs des sens, richesses.

S'il a plusieurs lignes parallèles à celle de

vie : biens dans la jeunesse et pauvreté dans la vieillesse.

Si ces lignes se croisent : richesse constante.

Si le pouce est coupé de lignes : voyages dangereux.

Points et étoiles dans les lignes : gaîté.

Plusieurs croix : piété, dévotion, solitude.

L'éminence de la racine de l'index est le *mont de Jupiter*.

S'il est sans lignes et peu élevé : bonté, justice, libéralité.

Avec des lignes en forme de croix, d'étoiles, et bien ordonnées : richesses et prélature ; avec une petite croix, afflictions et chagrins.

Le *mont de Saturne* est l'aspérité qui s'élève dans la paume de la main, à la racine du doigt du milieu.

Sans lignes, vie calme ; un peu élevé, succès dans l'agriculture ; abaissé, avec plusieurs lignes, travail et angoisses.

Avec des plis tortueux : lenteur d'esprit, paresse.

Avec une petite ligne dans la main d'une

femme, de chaque côté de la racine du doigt du milieu : disposition à la maternité.

Avec des lignes bien dessinées, cette femme enfantera des garçons.

Dans une main d'homme, ces lignes présagent des malheurs.

Le *mont du Soleil* est situé à la racine du doigt annulaire.

Peu élevé, avec des lignes droites, il signifie amitié, sympathie profonde, subtilité et délicatesse d'esprit ; honneurs et charges glorieuses ; abaissé avec des lignes tortues, il signifie tout le contraire.

Avec des lignes croisées, triomphe sur des rivaux.

Déliées : talens agréables.

Rouges : vices, maladies.

Si elles forment une croix de Saint-André : modération, prévoyance.

Le *mont de Mercure* est l'éminence de la racine du petit doigt.

Un peu abaissé : finesse, mensonge et vol ; élevé, il suppose le contraire.

Si l'éminence est unie et sans rides: fermeté d'esprit et de cœur; dans les hommes: modestie; dans les femmes: pudeur et vertu sans tache.

Pour une femme, une croix au bord du petit doigt: insolence et bavardage.

Lignes formant un angle: amour de l'étude, hardiesse d'esprit.

Avec des croix: passions orageuses, conscience coupable et bourrelée de remords.

Le *mont de la Lune* ou *mont de la main* est l'espace qui se trouve sur le bord inférieur de la main, au-dessous du *mont de Mercure*.

Doux et sans lignes: aménité, générosité; plein d'aspérités et coupé de lignes: brutalité, emportemens frénétiques, travaux pénibles et afflictions sans nombre.

Si une ligne sinueuse et interrompue traverse l'extrémité de ce mont, elle signifie un naufrage. Les lignes fourchues supposent de la duplicité et de la dissimulation.

Le *mont de Mars* est placé sur le bord inférieur de la main, en-deçà de la montagne de la Lune.

Uni et caractérisé : prudence et bravoure.

Fortemeut coloré : audace.

Avec rides : périls.

Avec des lignes livides : trépas funeste.

Avec des lignes droites : belle mort au champ d'honneur.

Avec des lignes tortues : mort ignominieuse.

Avec des croix : dignités.

LA CARTOMANCIE.

—

SIGNIFICATION

DES TAROTS ET DES SOIXANTE-DIX-HUIT CARTES DU GRAND JEU.

On entend par tarots le grand jeu de cartes, attribué aux Egyptiens. Il est composé de 78 tarots numérotés de 1 à 78 : 4 rois, 4 dames, 4 chevaliers, 4 valets, 4 dix, 4 neufs, 4 sept, 4 six, 4 cinq, 4 quatre, 4 trois, 4 deux, 4 as ; d'une carte, le n° 1er, qui marque le chaos; d'une autre, le n° 8, indiquant le septième jour de la création; de six, qui en rappellent les six autres jours; de quatre, qui sont affectées aux vertus cardinales, et, enfin, de dix autres, qui peignent les évènemens remarquables de la vie humaine. Le chiffre total de ces cartes s'élève à 78.

Il faut se défier, dans l'opération du grand jeu, des tarots allemands ou italiens, qui sont mal faits et indéchiffrables.

N° 1. Il représente le questionnant, et n'a aucun sens s'il reste isolé. Le n° 8 réprésente la consultante.

N° 2. Si le consultant est un homme, affaire entamée, réussite. Si c'est une jeune personne, mariage; une femme mariée, grossesse. Si le n° 2 vient renversé, discorde; s'il touche au n° 21, triomphe.

N° 3. A côté du 21, querelles; à côté du 23, lettres de la campagne. Cette carte seule est nuisible. A côté du n° 45, peines de courte durée. Renversé, protection en haut lieu.

N° 4. Droit ou renversé, malheur, pertes, incendie, vol.

N° 5. Bonheur, procès gagnés; renversé, petites contrariétés.

N° 6. Longévité, succès; renversé, procès qui va finir.

N° 7. Succès dans le commerce, beau mariage, héritage; renversé, réussite dans une entreprise.

N° 8. Ce tarot renversé est funeste. Il n'a pas de signification sans les cartes qui précèdent ou qui suivent. C'est le tarot du consultant.

N° 9. Justice faite ; renversé, tribulations.

N° 10. Ruine, maladie dangereuse ; uni au n° 25, nouvelle agréable.

N° 11. Richesses, dignités, même lorsque la carte est renversée, mais avec plus de difficultés.

N° 12. Travail persévérant ; renversé, sans signification.

N° 13. Mariage infaillible, modifié par les cartes voisines.

N° 14. Calomnie, pertes de biens, d'amis ; renversé, malheur plus grave.

N° 15. Mauvaise santé, maladie mentale ; renversé, présage moins dangereux.

N° 16. Affaires en déconfiture ; renversé, consultant inintelligent.

N° 17. Mort, espérances trompées.

N° 18. Persécution, accusation dont on triomphera ; renversé, propos sans gravité.

N° 19. Malheurs en général ; renversé, prison.

N° 20. Droit ou renversé, succès.

N° 21. Brouille d'amans ; renversé, persécution qui finit.

N° 22. Nouvelles heureuses de la campagne, mariage brillant pour un célibataire, héritage pour une personne mariée; renversé, conseil de prudence.

N° 23. Fêtes, plaisirs ; renversé, le contraire.

N° 24. Changement d'état; renversé, projets sans issue.

N° 25. Long voyage avantageux; renversé, pertes en voyage.

N° 26. Droit ou renversé, travaux pénibles.

N° 27. Procès ruineux, dangers ; renversé, dangers qui redoublent.

N° 28. Amour couronné de succès ; renversé, duel à propos d'amour.

N° 29. Droit ou renversé, obstacles surmontés.

N° 30. Ruse dont on sera victime.

N° 31. Argent, si le tarot est droit; le contraire, s'il est renversé.

N° 32. Tarot du meilleur augure.

N° 33. Bons conseils d'un homme puissant ; renversé, fin d'une contestation.

N° 34. Périls de parens ou d'amis ; renversé, périls moindres.

N° 35. A côté de cartes défavorables, danger de mort ; renversé, santé.

N° 36. Mariage imminent, grossesse, famille ; renversé, perte d'argent, péril.

N° 37. A une dame, amour d'un haut personnage ; à un homme, conquête.

N° 38. Argent à recevoir ; renversé, fourberie d'un ami.

N° 39. Mariage d'inclination pour un célibataire ; pour un homme avec une femme mariée, querelle de ménage ; renversé, desseins sans but.

N° 40. Héritage ; renversé, duel fatal.

N° 41. Ennemis battus ; renversés, opérations financières heureuses.

N° 42. Beau mariage, prospérité ; renversé, avantage dans une entreprise d'ami.

N° 43. Mauvaise pensée à rejeter ; renversé, mûre réflexion avant d'agir.

N° 44. Regrets ; renversé , mort de parens ou d'amis.

N° 45. Grande fortune ; renversé , dans un avenir plus reculé.

N° 46. Amis faux, pertes par confiance ; ren - versé, mal diminué.

N° 47. Droit ou renversé , succès.

N° 48. Amours çà et là ; renversé , plaisir sans argent.

N° 49. Querelles d'amour ; renversé , sans suites fâcheuses.

N° 50. Protection puissante ; retourné , dan - ger de ruine.

N° 51. Union sans sympathie ; pour un con - sultant marié , mort avant sa femme ; pour une consultante , mort avant son mari ; renversé , chagrins.

N° 52. Déclaration d'amour , contestations où l'on s'emportera.

N° 53. Ennemis cachés ; renversé, ennemis peu dangereux.

N° 54. Combat, mort violente ; renversé, vic - toire.

N° 55. Mariage, si la carte qui suit est favorable ; mort, si elle est de mauvais augure ; renversé, piége tendu.

N° 56. Médisances nuisibles, voies de fait.

N° 57. Succès complet.

N° 58. Amours, plaisirs éphémères ; renversé, don.

N° 59. Ruine par des filous ; si c'est un homme, sa femme le trompera ; si c'est une femme, son mari l'abandonnera ; renversé, mort.

N° 60. Voyage d'argent, tromperies en amour ; renversé, pauvreté.

N° 61. Conseils d'économie contre la misère ; près du n° 13, union mal assortie ; renversé, grandes afflictions.

N° 62. Affaire terminée à souhait ; renversé, ruine prochaine.

N° 63. Disette du moment pour un homme, grossesse pour une jeune fille, plaisir pour une femme mariée.

N° 64. Tromperie de femme ou de mari adultère ; renversé, voyage malheureux.

N° 65. Mariage d'argent ; renversé, obstacles à franchir.

N° 66. Riches présens; renversé, commerce heureux.

N° 67. Ruine par excès de cœur; renversé, ruine plus grande.

N° 68. Maison du consultant ou de la consultante, sans signification en dehors des cartes qui précèdent ou suivent.

N° 69. Il annonce que ce qui est prédit par les cartes qui l'environnent, arrivera vite; renversé, escroquerie.

N° 70. Fille brune qui s'efforce de nuire; renversé, perte d'argent par usure.

N° 71. Pour un consultant célibataire, mariage avec une personne pauvre; renversé, travail, aisance.

N° 72. Ambition funeste; renversé, fortune perdue.

N° 73. Mariage manqué; renversé, fourberie de femme.

N° 74. Grande nouvelle, succès en amour; renversé, le contraire.

N° 75. Maternité avant le mariage, à une jeune fille; à un homme, légers avantages; renversé, petits chagrins.

N° 76. Bonne nouvelle; renversé, pauvreté.

N° 77. Présage très heureux.

N° 78. Dérèglement du consultant qui s'augmentera encore ; renversé, folies moins grandes.

EXERCICE DES TAROTS.

LE PETIT JEU.

Le consultant doit couper de la main gauche les cartes mêlées : prenez les quarante-deux premières cartes du jeu ; faites-en six paquets de sept cartes ; placez-les de droite à gauche, la face sur la table : prenez successivement ces paquets, en commençant par celui qui est à votre droite ; distribuez ces six paquets en sept. Prenez la première carte de chacun d'eux ; mêlez ces sept cartes et alignez-les à découvert sur la table, toujours de droite à gauche. En prenant deux cartes sur chaque paquet vous en aurez quatorze, que vous mêlerez ; faites-en deux rangs semblables au premier : prenez le reste des paquets, que vous mêlerez, et qui forment vingt-et-une cartes ; placez-les en trois rangs, toujours dans le même ordre ; vous obtiendrez ainsi six rangs de cartes, de sept cartes chacun.

Expliquez ces cartes d'après leur signification que nous venons de donner, et ayant surtout bien soin, à chaque tarot, d'étudier les cartes précédentes et suivantes, qui apportent des modifications forcées au sens du premier tarot consulté. Opérez ainsi jusqu'à ce que vous découvriez une signification logique dans la série des cartes que vous consultez.

Ajoutez à la droite le n° 8, qui représente la consultante, ou le n° 1, qui représente le consultant.

VALEUR DES CARTES.

Les cœurs et les trèfles sont des signes heureux ; les carreaux et les piques, des signes malheureux. Les figures de cœur ou de carreau annoncent des personnes blondes ou châtaines-blondes ; celles de pique ou de trèfle, des personnes brunes ou châtaines-brunes.

SIGNIFICATION DES CARTES.

ROI DE CŒUR.

Un blond, aux yeux bleus, vous porte de l'in-

térêt. Il vous assistera de son argent et de ses
conseils dans une entreprise à laquelle vous devez vous livrer.

DAME DE COEUR.

Vous fréquentez une jeune dame blonde qui
doit vous servir. Légère à la surface, elle est,
au fond, généreuse, et vous aime.

VALET DE COEUR.

Alliance dans votre famille ; vous deviendrez
l'ami d'un jeune homme et d'une jeune personne
dont vous favoriserez l'union. Vous serez du
banquet nuptial.

AS DE COEUR.

Danse et plaisirs, vers lesquels vous vous sen-
tez vivement entraîné. Aventure galante.

DIX DE COEUR.

Travail utile ; aisance domestique. Soyez reconnaissant envers ceux qui doivent vous obli-
ger.

NEUF DE COEUR.

Gaîté, société aimable. Votre esprit naturel
plaira à une personne fort riche qui vous fera
un présent pour que vous l'aidiez dans un projet
qu'elle médite.

HUIT DE COEUR.

Contrats, billets, notaire. Des papiers de famille retrouvés vous enrichiront.

SEPT DE COEUR.

Amitié inaltérable d'une jeune fille blonde qui vous rendra service. Vous la marierez, par rencontre fortuite, à un brun qui sympathisera avec vos goûts.

ROI DE TRÈFLE.

Succession considérable par un parent généreux ; vous ne l'obtiendrez qu'avec beaucoup d'argent, nécessaire pour des voyages. Réussite complète.

DAME DE TRÈFLE.

Vous avez souffert de l'ingratitude : une femme vous donnera de bons conseils et vous tirera d'embarras.

VALET DE TRÈFLE.

L'absence d'un ami vous tourmente ; il reviendra et accomplira ses promesses.

AS DE TRÈFLE.

Vous êtes malheureux parce que vous êtes insouciant : vos peines vont être oubliées. Vous réussirez dans le commerce, ou vous aurez de fortes sommes d'argent par héritage.

DIX DE TRÈFLE.

Vous dépenserez follement de l'argent reçu ;
le repentir vous fera bien employer le reste.

NEUF DE TRÈFLE.

Vous recevrez de l'argent avant quarante-huit
heures : vous obligerez de nouveau des ingrats,
par bonté de cœur.

HUIT DE TRÈFLE.

Mariage, succès immanquable.

SEPT DE TRÈFE.

Indiscrétion nuisible pour vous, à une fille
brune. Défiez-vous des sots et des bavards qui
peuplent le monde ; leur maladie est incurable.

ROI DE CARREAU.

Vous réussirez par vos propres talens. Une
personne qui habite la campagne vous affec-
tionne beaucoup ; elle est envers vous dans les
meilleures intentions.

DAME DE CARREAU.

Une femme indiscrète et tracassière vous com-
promettra momentanément avec des gens à l'estime desquels vous tenez ; ce sera une leçon de
prudence dont vous vous souviendrez.

VALET DE CARREAU.

Retour inespéré d'un de vos parens ; sa conduite excellente fera que vous tirerez un voile sur son passé. Il vous secondera heureusement dans vos projets.

AS DE CARREAU.

Vous allez recevoir de quelqu'un une lettre qui vous affligera ; vous viendrez à son secours, et il sera reconnaissant.

DIX DE CARREAU.

D'ici à trois mois, voyage à la campagne ; changement d'état ; commencemens rudes, résultat triomphant.

NEUF DE CARREAU.

Retard dans vos affaires. Conservez votre idée fixe : la persévérance vous sauvera.

HUIT DE CARREAU.

Vous ferez bien des démarches inutiles auprès de vos égaux ; vos supérieurs vous accueilleront mieux et vous pousseront à la fortune.

SEPT DE CARREAU.

Vous rendrez à des personnes pauvres des papiers de famille qui les feront riches , et ils vous donneront une part de cet héritage.

ROI DE PIQUE.

Vos ennemis vous harcèlent et vous intentent des procès ; un homme honnête prendra en main votre cause, et la justice sera pour vous.

DAME DE PIQUE.

Une femme deviendra votre protectrice et vous fera éviter la perfidie d'un ami.

VALET DE PIQUE.

Grande joie en famille, réconciliation, retour fortuné, rapprochement d'ennemis.

AS DE PIQUE.

Vous aimerez une personne plus jeune que vous qui vous procurera des chagrins ; vous les oublierez dans les fêtes et les jeux.

DIX DE PIQUE.

Inquiétude, vives alarmes, maladie. Si vous agissiez par vous-même, vous réussiriez bien mieux.

NEUF DE PIQUE.

Votre timidité vous fait manquer votre fortune ; les habiles et les intrigans ont un talent tout-à-fait inférieur au vôtre, et réussissent. Ayez donc l'audace de votre force ; vous manquez d'argent, mais une association vous en fournira.

Cette carte, suivie d'autres de mauvais augure, annonce la ruine et la mort.

HUIT DE PIQUE.

Projets avortés, obstacles persistans. Dans neuf mois, vous atteindrez votre but. Le bonheur est le dieu des sots. Pour vous, vous arriverez à une position brillante par vos mérites et votre courage.

SEPT DE PIQUE.

Une personne brune, avec laquelle vous êtes lié, vous nuira quelque peu par des paroles imprudentes ; mais ne craignez rien : elle est bonne au fond, et vous chérit. Son commerce vous sera avantageux.

Les rois représentent : les souverains, les généraux, les parens, les vieillards.

Les dames, même caractère. Elles révèlent : la puissance, l'adresse, l'intrigue, la fidélité, la passion, l'indifférence, la complaisance, la perfidie, la rivalité.

Les valets réprésentent : des guerriers, des amoureux, des séducteurs, des rivaux.

Les signes généraux des quatre couleurs, *cœur, trèfle, carreau* et *pique*, remplacés dans les *tarots* par les *coupes,* les *deniers*, les *bâtons* et les *épées,* représentent :

Les *cœurs,* le bonheur.

Les *trèfles,* la fortune.

Les *carreaux,* l'indifférence.

Les *piques,* la misère.

Toute carte de mauvais augure est modifiée par la carte de bon augure qui précède ou qui suit. L'ensemble des cartes doit être étudié et compris avec un soin extrême, sinon, la prédiction est comme non avenue.

Ainsi :

As de cœur et *dame de pique,* visite féminine.

As de carreau et *huit de cœur,* nouvelle agréable.

Dix de pique avec son *huit,* malheur.

Dix de pique et *huit de cœur,* succès.

Sept de carreau et *roi de cœur,* retard.

Dix de trèfle et *roi de pique,* don.

Dix de pique et *valet de carreau,* angoisse.

Dix de cœur et *roi de trèfle*, vive amitié.

CARTES QUI SE SUIVENT.

Deux rois, conseils salutaires.

Trois rois, succès.

Quatre rois, dignités.

MÊMES CARTES RENVERSÉES.

Deux rois, projets.

Trois rois, commerce.

Quatre rois, célérité.

Deux dames, amitié.

Trois dames, fourberie.

Quatre dames, bavardage.

MÊMES CARTES RENVERSÉES.

Deux dames, travail.

Trois dames, gourmandise.

Quatre dames, compagnie dangereuse.

Deux valets, tourment.

Trois valets, querelles.

Quatre valets, maladie par contagion.

MÊMES CARTES RENVERSÉES.

Deux valets, association.

Trois valets, paresse.

Quatre valets, détresse.

Deux as, haine.

Trois as, petit succès.
Quatre as, chances indéterminées.

MÊMES CARTES RENVERSÉES.

Deux as, péril.
Trois as, corruption.
Quatre as, mort.
Deux dix, présage funeste.
Trois dix, changement de position.
Quatre dix, procès.

MÊMES CARTES RENVERSÉES.

Deux dix, espoir trompé.
Trois dix, perte.
Quatre dix, tristes évènemens.
Deux neuf, argent.
Trois neuf, petit succès.
Quatre neuf, bonne action.

MÊMES CARTES RENVERSÉES.

Deux neuf, profit.
Trois neuf, légèreté.
Quatre neuf, usure.
Deux huit, connaissance nouvelle.
Trois huit, union conjugale.
Quatre huit, insuccès.

MÊMES CARTES RENVERSÉES.

Deux huit, vexations.
Trois huit, distractions.
Quatre huit, erreur.
Deux sept, nouvelles sans portée.
Trois sept, infirmités.
Quatre sept , intrigues.

MÊMES CARTES RENVERSÉES.

Deux sept , amours.
Trois sept, fêtes.
Quatre sept, déshonneur.

CARTES TIRÉES PAR SEPT.

Après avoir pris un jeu de piquet de trente-deux cartes, vous le comptez de sept en sept, en plaçant toujours de côté la septième carte.

Cette opération faite à trois reprises , il vous reste douze cartes que vous rangez les unes à côté des autres, dans l'ordre où elles sont venues. Vous n'avez plus qu'à chercher leur signi-fication relative.

Il faut, avant d'interpréter, que la personne pour laquelle vous opérez soit sortie du jeu.

Le roi de cœur, représente un homme blond, marié.

Le roi de trèfle, un homme brun, marié.

Le valet de cœur, un jeune homme blond.

Le valet de trèfle, un jeune homme brun.

La *dame de cœur*, une dame ou demoiselle blonde.

La *dame de trèfle*, une dame ou demoiselle brune.

Mêlez les douze cartes, faites couper; divisez-les en quatre paquets, de trois cartes chacun, ainsi qu'il suit:

Pour la personne, trois.

Pour la maison, trois.

Pour les évènemens, trois.

Pour la surprise, trois.

Maintenant, vous n'avez plus qu'à lever alternativement les paquets et à en donner la signification mystérieuse.

CARTES TIRÉES PAR QUINZE.

Vous prenez toujours un jeu de piquet de trente-deux cartes. Mêlez, faites couper par le consultant: vous formez deux tas de seize cartes, quand on en aura choisi un, vous le prenez.

Mettez à part la première carte *pour la surprise*. Retournez et mêlez les quinze cartes restantes: formez trois tas de cinq cartes, en posant la première carte de chacun sur celle de la *surprise.*

Vous avez de la sorte :

Pour la personne, quatre cartes;

Pour la maison, quatre cartes;

Pour les évènemens, quatre cartes;

Pour la *surprise*, quatre cartes.

La personne qui consulte a le droit de choisir dans les deux premiers tas : un pour elle, l'autre pour la maison.

Le troisième tas, destiné à révéler l'avenir, et celui de la *surprise*, ne peuvent être changés.

Donnez alors l'interprétation, d'après les règles tracées.

LES NOMBRES.

Si l'on n'est pas en état d'estimer ou de connaître la science sublime des nombres, on sera à tout moment exposé à tirer de fausses conséquences des données les plus simples, et souvent les plus positives; mais aussi les personnes véritablement instruites qui savent lire l'avenir dans la science des nombres sont rares, et on ne connaît que trois classes d'hommes qui aient opéré des merveilles au-dessus de la physique vulgaire.

La première est composée des prophètes;

La seconde, de ceux que l'on nomme véritablement philosophes.

La troisième, de ceux que l'on nomme enchanteurs.

Il y a des singes de ces trois classes, et il y en aura toujours; ce sont ceux-là qui, essentiellement ignorans, s'occupent de beaucoup parler, lorsque les hommes véritablement savans gardent le plus profond silence.

La classe des prophètes a fait naître ce que nous nommons les prétendus illuminés, inspirés, enthousiastes.

La classe des philosophes a fait naître les prétendus devins, les souffleurs, les charlatans, etc.

La classe des enchanteurs a fait naître des malfaiteurs, de prétendus sorciers, etc.

Il n'y a donc pas réellement de devins, mais des êtres privilégiés qui savent lire dans les signes qui sont sous leurs yeux; et le pronostic effectué démontre leur science, encore qu'ils ne puissent rendre raison de ces rapports précis qu'en admettant nécessairement, en première ligne, l'influence si réelle des astres, et, en seconde ligne, les effets de la sympathie et de l'antipathie, d'où dérivent forcément les autres causes.

(Mlle Le Normand, *les Oracles sibyllins*, page 445.)

CORRESPONDANCE.

—

Nous recevons à l'instant de M. Hugo, neveu de Mlle Le Normand, la lettre suivante, qui nous a surpris. Notre réponse prouvera qu'il ne pouvait exister entre nous et M. Hugo, auquel nous sommes si redevables, qu'un malentendu de quelques heures.

Paris, ce 25 juillet 1843.

A MM. Breteau et Pichery, libraires-éditeurs, passage de l'Opéra, galerie de l'Horloge, 16.

Messieurs,

Une brochure signée de pseudonymes, quant à l'auteur et à l'éditeur, vient de paraître; elle contient de prétendues prophéties de Mlle Le Normand, ma tante, que celle-ci n'a pas faites

ni n'a pu faire, car ces prophéties calomnient
son passé et ses convictions. Or, vous êtes les
seuls auxquels j'aie livré, ainsi qu'à M. Francis
Girault, des documens authentiques et inédits
sur ma tante, parce que je désirais que sa biographie fût aussi complète que possible, en attendant l'apparition prochaine de ses Mémoires.
Jugez de mon étonnement, lorsque j'ai vu que
les matériaux donnés par moi, manquaient dans
la brochure citée, et qu'ils étaient remplacés par
des prédictions d'un bout à l'autre menson-
gères. Je vous ai dit et je vous répète ici que
les notes nombreuses laissées par Mlle Le Normand ont toutes été déposées, à sa mort et par
sa volonté, entre les mains de M. Froger-Des-
chênes, ancien notaire, rue Richelieu, 47, et
son exécuteur testamentaire. Quoique je me re-
fuse à croire que vous soyez les éditeurs de la
brochure en question, des explications entre
nous sont devenues nécessaires.

J'ai l'honneur, Messieurs, de vous saluer avec
considération.

ALEXANDRE HUGO,

Lieutenant au 11ᵉ de ligne.

A M. Alexandre Hugo, lieutenant au 11ᵉ de ligne, rue de Tournon , 5.

Paris, ce 26 juillet 1843.

Monsieur,

Vous recevrez en même temps que ce petit mot les épreuves de la BIOGRAPHIE de Mˡˡᵉ Le Normand, écrite par moi, sur les renseignemens que vous avez été assez bon pour me communiquer, et dont je dois vous remercier ici publiquement.

Veuillez avoir la patience de parcourir mon travail en entier, et tous vos doutes seront levés par rapport à mes intentions et à celles de MM. Breteau et Pichery , mes éditeurs. Notre justification sera complète.

En lisant la BIOGRAPHIE que je vous envoie, corrigez, retranchez; je ne puis mieux faire que de vous prendre pour arbitre souverain.

Je n'ai pas besoin d'ajouter, Monsieur, que

moi et mes éditeurs nous sommes tout-à-fait étrangers à la publication de la brochure déjà parue sur votre illustre tante.

Recevez, Monsieur, l'assurance nouvelle de ma considération distinguée et de ma gratitude.

FRANCIS GIRAULT.

—

A M. *Francis Girault, homme de lettres, passage de l'Opéra,* 16.

29 juillet 1843.

Monsieur,

Mille pardons de ma brusquerie ; vous en avez parfaitement saisi le motif. J'ai besoin de vous voir, de vous serrer la main, et de vous remercier pour la biographie de ma tante, que seul vous avez comprise et écrite à un point de vue sérieux. J'autorise de tout mon cœur votre publication et la proclame officielle. Plai-

dez, je vous prie, mon pardon auprès de
MM. Breteau et Pichery, les éditeurs de votre
beau travail.

Recevez les salutations empressées de votre
tout dévoué serviteur,

ALEXANDRE HUGO,

Lieutenant au 11ᵉ de ligne.

FIN.

DICTIONNAIRE USUEL

DE TOUS LES

VERBES FRANÇAIS

Tant réguliers qu'irréguliers.

ENTIÈREMENT CONJUGUÉS,

Contenant, par ordre alphabétique, tous les ver
de la langue française, avec leur conjugai
complète, et la solution analytique et raisonn
de toutes leurs difficultés,

PAR MM. BESCHERELLE FRÈRES,

2 Vol. in-8° de 1100 pages chacun à deux colonn
ornés de 26 portraits des auteurs clas-
siques les plus célèbres,

PRIX : 15 FRANCS.

Pour paraître prochainement :

Chez BRETEAU et PICHERY, Libraires-Editeurs,
Passage de l'Opéra, 16,

MÉMOIRES POSTHUMES

D E

Mlle M. A. LE NORMAND,

avec

PIÈCES AUTHENTIQUES A L'APPUI,

Sous la Direction de M. Alexandre HUGO, son Neveu,

Recueillis et mis en ordre par M. Francis GIRAULT.

4 forts vol. in-8°.

NOTA. Les Révélations historiques apportées par ces
Mémoires, en feront une des œuvres les plus intéressantes
de l'époque.

Sous Presse :

TRAITÉ COMPLET

DE

CHIROMANCIE ANCIENNE

ET MODERNE,

Avec des Planches nombreuses représentant les diverses lignes
de la main ;

1 joli vol. de 200 pages,

PAR M. FRANCIS GIRAULT.

Imp. de M^e De Lacombe, 12, r. d'Enghien.